학교의 품격

삶이 있는 공간이 되려면 학교는 어떻게 변해야 할까?

학교의 품격

2018년 7월 20일 처음 펴냄
2021년 11월 10일 7쇄 펴냄

글·사진 임정훈
펴낸이 신명철 | **편집** 윤정현 | **영업** 박철환 | **경영지원** 이춘보 | **디자인** 최희윤
펴낸곳 (주)우리교육 | **등록** 제 313-2001-52호
주소 03993 서울특별시 마포구 월드컵북로 6길 46
전화 02-3142-6770 | **팩스** 02-6488-9615 | **홈페이지** www.urikyoyuk.modoo.at

ⓒ 임정훈, 2018
ISBN 978-89-8040-593-0 03370

*이 책의 내용을 쓰고자 할 때는 저작권자와 출판사의 허락을 받아야 합니다.
*잘못된 책은 바꾸어 드립니다.
*책값은 뒤표지에 있습니다.

이 도서의 국립중앙도서관 출판시도서목록(CIP)은
서지정보유통지원시스템 홈페이지(http://seoji.nl.go.kr)에서 이용하실 수 있습니다.
(CIP 제어번호:CIP2018021440)

삶이 있는 공간이 되려면 학교는 어떻게 변해야 할까?

학교의 품격

임정훈 글·사진

우리교육

삶이 있는 학교를 위하여

병영건축과 식민건축의 해체

내가 학교공간에 마음을 기울이게 된 것은 '복도' 때문이었다. 내가 근무하는 학교는 물론이거니와 이런저런 모임이나 행사, 연수 등을 이유로 방문하게 된 모든 학교마다 당연히 복도가 있었다. 초등학교나 중·고등학교의 차이가 크지 않았다. 복도의 표정은 없거나 건조했는데 그 표정이 건네는 무언의 말은 비명처럼 들렸다.

한 줄 일직선으로 아주 길고 곧게 뻗은 복도의 풍경은 삭막함을 넘어 우리의 학교와 교육이 지닌 살풍경처럼 느껴졌다. 그 안에서 복작거리며 살아가는 학생들과 교사들의 삶이 측은해졌다. 그렇게 해서 학교공간에 마음을 두고 들여다보게 된 것이다.

학교공간들을 기웃거리며 톺아보는 일은 학생들의 삶을 더욱 세밀하게 들여다보는 일이기도 했다. 학생들의 변화와 성장에 동행하는 곳으로서 갖추어야 할 삶의 조건은 턱없이 부족한 현실이 학교공간에서도 보이기 시작했다. 학교는 교육이라는 이름으로 학생들을 집단 수용하는 공간으로 기능할 뿐이라는 생각이 깊어졌다. "학교건축은 가르치거나 배우는 자의 특권이 아니라 권력자의 특권"[1]이었다. 가르치거나 배우는 자 중심이 아닌 학교공간에서 민주주의나 학교 자치 같은 것은 치레에 불과했다.

우리나라 학교건축의 특징을 요약하면 식민건축과 병영건축의 결합이라고 할 수 있다. 학교는 민간인의 공간인데도 군대와 같은 공간 배치와 시스템이 유지되고 있으며, 광복한 지 70년을 넘어섰지만 학교에는 일제 식민 시절의 공간 배치와 권력 구조, 관습과 용어 등이 그대로 남아 굳건히 이어지고 있기 때문이다.

군사문화와 일제 식민의 폭력성, 전근대성이 그대로 남아있는 학교공간에서 우리는 시민 교육을 말하며 민주주의를 가르치며 배우고 있다. 병영건축과 식민건축의 지시와 명령에 신체와 정신을 충실히 복종하면서 말이다. 신체는 물론 의식과 무의식을 모두 지배하는 식민건축과 병영건축의 해체 없이 학교에서 민주주의나 교육 자치를 말하는 것은 일장기를 가슴에 품고 독립운동을 하는 것과 다름없다.

우리의 초중등 학교 교육이 열린 민주주의, 소통과 공감의 민주주의 교육으로 오롯이 이행하지 못하는 이유도 여기 있다. 지금까지 제아무리 교육혁신, 학교혁신을 부르짖어도 학교공간이 지닌 병영건축과 식민건축의 더께를 걷어내려는 노력이나 시도는

1. 데이비드 W. 오어, 《학교를 잃은 사회 사회를 잊은 교육》, 171쪽, 2009년, 현실문화.

관심 밖의 일이었다. 그러한 공간적 조건에 너무도 익숙하게 길들어버린 것이다. 교사도 학생도 마찬가지였다.

병영건축·식민건축으로서 학교공간은 단순히 건물의 구조나 배치, 기능에만 영향을 끼치는 게 아니라는 데 문제의 심각성이 있다. 그 공간 안에서 삶을 사는 사람들의 생각과 행동 나아가 무의식까지 비틀어버리는 분재용 철사 같은 힘을 휘두른다.

천장이 아주 낮은 집에 들어가려면 자신의 의지와는 상관없이 허리를 숙이거나 무릎을 굽혀야 하고, 한 번도 좌식 생활을 해본 적 없는 사람이 좌식으로 된 방에 들어서면 고통을 참으며 다리를 구부리고 앉아야 하는 것과 같다. 한두 번은 신체의 고통일 뿐이지만 그것이 지속하면 당연한 일로 머릿속에 각인된다. 우리의 학교건축이 바로 그러한 자리에 있다.

학교다움의 온기 회복

민주시민 교육의 장으로서 학교는 민주적 공간이어야 하며 삶의 공간이어야 한다. 그러한 조건들을 갖추고 있어야 한다. 하지만 공간의 물리적 구조와 배치는 물론 정서적 측면에서조차도 학교는 그렇지 않았다. 철저히 권력 중심의 복종과 침묵을 종용하는 역할을 했다. 엄숙과 경건함 등을 강조하고 자율과 토론은 가벼이 여기거나 존중하지 않았다.

학생들에게 학생다움을 갖추라는 요구만 집요하게 했다. 학생에게 학생다움을 강요하기 전에 학교가 학교다움을 먼저 갖추어야 했다. 그러려면 학생들의 삶을 있는 그대로 존중하고 끌어안으며 보듬는 공간적 온기를 마련하거나 회복하는 데 정성을 들여야 한다. 학교다움을 갖추지 못한 채로 학생다움만 강요하는 건 옳지 않다. 학교가 삶이 있는 공간으로서 제 기능을 못하는 현실부터 반성하고 고쳐야 한다. 인간 친화적이며 인간 중심적인 공간으로 학교는 변해야 한다.

학교공간의 디자인적 변화나 개선도 필요하지만 그보다 더 중요한 것은 학교공간에 대한 기존의 관념을 무너뜨려야 한다는 것이다. 디자인의 변화나 개선을 넘어 학교공간의 구조와 그를 중심으로 하는 부당한 권력과 비민주적 권위를 확인하고 그러한 공간 권력을 해체할 수 있어야 한다. 이에 성공하지 못한다면 학교 민주주의는 일정 범위 이상 성장하기 어려우며 결정적 한계에 발목을 잡힐 수밖에 없다.

학교공간에 대한 생각이 열려야 건축이나 디자인을 변형하지 않고도 공간 혁신이 가능해진다. 권위적이고 위압적이며 민주적이지 않았던 학교공간의 질서와 배치만 새롭게 해도 학교는 벽돌 한 장 건드리지 않고 이전과는 아주 다른 세상이 될 수 있다.

이것은 경제적 비용이나 예산의 문제를 고려해야 할 경우도 있겠지만 그보다는 삶을 대하는 가치와 철학의 새로움을 요구하는 일이다. 얼마나 많은 돈을 들여 그럴듯한 집을 지을 것인가가 아니라 어떤 집에서 '살' 것인가 하는 삶의 내용과 품격을 생각하는 문제로 인식해야 한다.

그렇게 학교공간에 대한 생각과 가치가 달라지면 자연스럽게 수업을 바꾸어야 하고 교육과정을 고쳐야 할 수밖에 없다. 삶을 들여다보게 되는 것이다. 혁신을 추구하는 학교와 교실 공간이 여전히 민주적이지 않으며 부당한 권위와 낡은 규칙으로 지배되고 있다면, 심지어 그렇다는 사실조차 모르고 있다면 그것은 비단옷을 입고 진창에 주저앉아 있는 것과 같다.

학교공간에 대한 생각을 바꾸는 것만으로도 수업이 바뀌고, 관리자(교장·교감)와 교사, 교사와 교사, 교사와 학부모, 교사와 학생 사이의 관계가 달라진다. 소통의 내용과 과정이 변한다. 수업뿐만 아니라 학교공간에서 이루어지는 모든 활동과 영역에서 그 중심은 반드시 '사람'이고 '삶'이어야 한다. 그러한 가치가 학교공간에 스며들어 빛나야 하는 것이다. 그때에야 비로소 학교 민주주의와 학교 자치 실현의 숨통도 트인다.

학생과 교사 모두 주체가 되는 삶의 공간

누가 뭐라고 해도 학교는 학생을 중심으로 건축한 공간이다. 학생을 배려해서 다양한 체험과 활동 그리고 휴식 등이 가능하도록 만든 곳이라는 뜻이 아니라 오로지 학생을 교육하는 기능 수행을 위한 수업 중심, 교실 중심의 공간이라는 말이다. 특히 우리의 학교는 교사 내 80~90%의 공간이 교실로 이루어져 있다. 외부 공간이라고는 커다란 운동장 하나뿐이며, 실내는 교실-교실-교실로 이어져 있어서 학생들을 위한 놀이나 휴게 공간은 없다고 해도 과언이 아니다. 40~50분 수업 시간과 5~10분의 공강으로 반복되는 일과는 학교에서 학생들의 놀이나 휴식을 불가능하게 만든다. 놀이나 휴식에 대한 부정적 인식과 반감 같은 것도 있어서 학교에서는 공부를 해야지 놀아서는 안 된다는 인식이 바탕에 도사리고 있다.

수업 시간을 5분씩 줄이고 그 줄인 5분을 공강 시간으로 옮겨 붙이면 학생들의 학습 효과는 물론 학교에서 삶의 질이 조금이나마 향상될 수도 있을 텐데 불행하게도 학교는 그럴 생각이 전혀 없어 보인다. 공부는 더 많이 할수록 좋은 것이며 학교는 놀거나 쉬는 곳이 아니라는 것이다. 때문에 학교에서 놀이나 휴식 공간은 충분히 들어설 수 없었다. 놀이와 휴식도 공부의 한 방법이며 과정일 수 있다는 생각이 확산하지 못한 결과다. 학생을 중심으로 건축한 학교공간에서 학생이 주체가 되지 못하고 적극적 일상을 가꿀 수 없는 이유가 바로 여기에 있다.

학교에서 학생은 지도와 관리, 감시와 감독의 대상이다. 미성년이어서 아직 성숙하지 않기 때문에 계몽하여 깨우치도록 해야 한다는 게 학교와 교사의 관점이다. 학교에서 학생들의 모든 행위와 사고는 전면 금지되거나 제한적으로 허용된다. 밥을 먹는 것과 화장실에 가는 것까지도 교사의 허락을 받아야 가능하다. 학생을 지도·관리의 대상으로 보고 학교를 그러한 감시와 감독을 하는 공간으로 여기는 인식을 바꾸지 않는 한 학생이 온전한 인간으로서 숨 쉬는 일은 불가능하다. 학생은 학교공간에서 주체적 인간이 될 수 없다.

교사라고 해서 학교공간의 주체가 되는 것도 아니다. 교사에게 있어 학교의 모든 공간은 학생을 통제하고 감시해야 하는 감독 공간이거나 업무 공간이다. 일반 사무실보다 더 열악한 공간적 조건이다. 학교에 교사를 위한 공간은 없다. 휴게 공간도 변변히 없고 차 한 잔, 동료와 토막 대화 나눌 공간도 마땅히 없다. 좀 더 인간답게 존중받는 공간적 조건을 누리고 싶은 욕구는 불가능한 꿈일 뿐이다.

학교의 모든 공간에서 교사가 갖는 공간적 권력은 학생들보다 훨씬 크지만 그것이 학교공간의 주체가 교사라는 것을 방증하지는 않는다. 학생과 교사 누구도 주체가 되지 못하는 학교를 학생과 교사 모두의 삶이 함께하는 공간으로 바꾸는 것이 새로운 교육 패러다임으로 자리 잡아야 한다.

학교는 교문 입구부터 교실을 넘어 속속들이 공간의 형식이 같고, 그 공간에서 이루어지는 내용들 또한 모두 어느 지역 어느 학교 할 것 없이 복제품처럼 닮아있다. 저마다 학교공간의 고유한 표정과 언어, 개성있는 학교가 많아지기를 바란다. 그 안에 깃들어 사는 학생들과 교사들의 삶이 회복되고 충만해졌으면 싶다. 그리하여 학생들은 그 힘으로 세상에 나가 자신의 무대와 자리를 새로이 만드는 데 두려움이 없어지기를 꿈꾼다. 학교가 그들의 삶에서 가장 따뜻한 위로의 동반자가 되어준 공간들 가운데 앞자리에 있었으면 좋겠다.

그동안 교육적 관심의 무게중심에서 벗어나 있었던 학교공간에 대해 교사·학생·학부모 모두가 함께 고민하고 토론하며 새로운 가치와 철학을 만드는 일이 활발하게 이루어지기를 기대한다. 형태적 아름다움이나 디자인적 세련됨만 반짝이는 공간이 아닌 삶이 있는 공간으로서 품격을 갖춘 학교들이 부디 많아지기를 바란다.

학교가 자유롭고 창의적이며 호기심을 유발하는 환경친화적 공간으로 변신할 수 없도록 막고 있는 관련 법률들의 정비도 시급하다. 학생과 교사들의 적극적인 요구를 제한하고 시대의 변화와 세계적인 공간 혁신의 흐름을 방해하고 있다. 또한 학교공간을 관리·감독하는 교육부와 교육청 관료들의 편협하며 옹색한 고정관념도 변해야 한다. 학교공간을 새롭게 바꾸는 일에 간섭하고 차단할 것이 아니라 열린 의식과 자세로 길을 터주려는 태도가 필요하다.

이 책에서는 우리가 흔히 사용하는 공간space과 장소place에 대한 개념을 따로 구분하지 않았다. 장소라는 말을 일부 인용하여 쓰기는 했지만 공간이라는 용어를 기준으로 삼았다. 철학·건축학·지리학 등에서 공간과 장소의 개념을 구분하여 정의하려는 시도가 많았다. 하지만 굳이 그렇게까지 구분해서 다루어야 할 이유가 없다고 보았다. 공간과 장소의 개념을 선명하게 구분하기도 어렵거니와 글의 맥락에 따라 의미의 전달과 이해가 충분히 될 것이라고 판단했기 때문이다.

초등학교는 일부 전담 교과를 제외하고는 하나의 학급 교실을 중심으로 일과가 진행되고 중고등학교에서는 그보다 공간 이동이 빈번하다. 기본 구조가 유사하기 때문에 큰 차이가 있다고 말하기는 어렵다. 하지만 초등학교에서 중학교, 고등학교로 갈수록 학교공간은 더욱 사납고 거칠며 황량해진다. 색과 빛도 칙칙하고 단조로워진다. 학생들에게 학교는 점점 도망치고 싶은 공간이 되고 만다. 그들에게 위안을 주며 지지하고 온기를 전하는 학교공간은 없다.

오랫동안 방치해온 학교공간의 과잉된 권위와 불편한 권력적 위계를 무너뜨리고, 학교가 새로운 삶의 공간으로서 교사와 학생이 함께 일구는 민주주의의 공간이 되는 데에는 초등과 중등의 구분이 있을 수 없다.

최근 디자인 개선을 비롯해 색채 개선 등을 시도하며 교실 중심으로 변화를 진행하는 초등학교들이 생겨나는 추세는 반가운 일이다. 주로 교실 공간의 디자인 개선에 집중하는 흐름인데, 학교 전반에 걸친 공간 감수성의 변화가 함께하고 중고교까지 확산한다면 의미는 더욱 커질 것이다.

이 책에서는 초등과 중등에서 공통으로 필요하다고 여기는 학교공간에 대한 감수성의 문제를 1부에서 다루었다. 무엇보다 학교에 대한 '공간 감수성'이 절실하다고 보았기 때문이다. 2부와 3부에서는 교문부터 교장실, 교무실, 운동장, 화장실 등 학교에서 가장 기본적이며 실재적인 공간으로 여겨지는 곳들을 짚었다. 4부에서는 학교에서 가장 문제적이며 절대적인 공간에 해당하는 '교실'에 대한 생각들을 썼다. 학교공간에 대한 관심과 논의가 더욱 촉진되기를 기대한다.

본문에 사용할 사진과 참고 자료들을 챙겨주신 경남 사천 용남중학교 최연진 선생님, 제주 대정초 고애순 주무관, 김성원 소장께 감사의 마음을 깊이 새긴다.

2018년 신록을 맞으며

임정훈

차례

들어가는 말 | 삶이 있는 학교를 위하여   004

1부 학교라는 공간

삶이 있는 공간을 위한 감수성   018

빛을 밝히고 색을 채워라   030

쓸데없는 공간과 곡선   042

2부 건물 안으로 들어가면

교문, 교육철학과 가치관이 드러나게   052

'중앙현관'은 어떻게 성소가 되었나   066

교장실, 개방과 공유를 넘어 축소와 해체로   074

교무실, 큐비클로 된 교사 PC방   090

창문, 파놉티콘의 눈   113

복도, 주목해야 할 공간으로   123

3부 건물 밖으로 나오면

운동장, 축구 말고 뭘 할까? 142

'사열대-조회대-구령대', 명령과 감시는 이제 그만 155

급식실, 인간에 대한 최소한의 예의 162

화장실, 더럽고 악취 나는 반체제의 공간 173

교복, 신체를 둘러싸고 억압하는 공간 185

4부 교실, 잃어버린 삶의 공간

'삶'이 없는 교실 196

'다른 반 출입금지'로 드러나는 교실에 대한 생각 209

교사는 앞문으로 들어온다 220

책걸상, 온기가 깃든 개인 공간 230

냄새나는 교실은 있어도 향기로운 교실은 없다 245

환경 미화 심사, 거짓으로 교실 공간 꾸미기 256

1부
학교라는 공간

삶이 있는 공간을 위한 감수성

학교의 표정

우리나라 학교건축의 변화가 시작된 것은 을사늑약에 따라 일
제가 통감부를 설치하면서부터다. 1906년 보통학교령의 발포와
함께 소학교에서 보통학교로 이름을 바꾼 학교들은 한옥과 일본
식 목조 교사가 공존하는 형태였다. 벽돌과 철근콘크리트를 이용
한 건축은 1920년대에 최초로 등장한 보통학교 교사의 구조 형
식이었다. 교사 형태는 대부분 좌우 대칭이며, 중앙부와 양 끝부
분의 입면 상부에 맞배지붕 형태의 박공을 설치해 강조했다. 그
영향을 받아 건축한 학교들은 오늘날에도 같은 형태(한자 볼록할
철凸자와 닮은 모양)를 유지하고 있다. 이러한 학교건축은 1920년
대의 전형으로 매우 보수적이며 권위적인 형태로 평가되고 있다.
  광복 이후 1962년에 정부에서는 '학교 시설 표준 설계도'를 제
정한다. 교실의 크기를 메이지 시대부터 있었던 4칸×5칸7.2m×9.0m
의 형태를 그대로 가져오는 등 일본의 표준 설계도와 별로 다르

교사 대지의 남쪽에 운동장, 북쪽에 복도를 두고 그 사이에 교실을 일자 형태로 배치하는 것이 학교건축으로 굳어졌다.

지 않은 것이 특징이다. 교사 대지의 남쪽에 운동장, 북쪽에 복도를 두고 그 사이에 교실을 일ㅡ자 형태로 배치하는 것이 학교건축으로 굳어진 것도 이 때문이다. '학교 시설 표준 설계도'에 따라 학교를 건축하는 일은 1990년 이후 사라졌지만 이러한 교실의 크기나 건축 형태는 지금까지도 유지되고 있다.

1967년에는 '학교 시설 설비 기준령'이 제정되어 학교건축에 관여하다가 1997년에 폐지되었다. 1996년부터 열린 교육을 위한 학교건축인 '열린 학교'가 전국적으로 유행했으나 학교 현장에서 환영받지 못했다. '학교 시설 표준 설계도'와 '학교 시설 설비 기준령'이 사라진 자리에는 1997년부터 '고등학교 이하 각급 학교 설립·운영 규정'이 제정되어 현재에 이르고 있다. 2005년부터 당시 교육인적자원부에서는 교육 환경 개선을 목적으로 민간 자본을 이용하여 교육 시설을 건설하는 정책 사업을 시행했다. 이른바 BTLBuild Transfer Lease이라고 말하는 것이다. 그러나 임대료와 운영비 등의 유지 관리에 필요한 재정 압박을 감당하기 어려운 점 등의 이유로 시나브로 잦아들었다. 이처럼 지금까지의 학교건축은 처음부터 학교공간에서 생활하는 인간을 적극적으로 배려하지 않았다. 오래된 관행을 그대로 답습하거나 건축 비용의 효율을 높이는 것이 더욱 중요한 과제였다.

아직 초가집이 늘어서 있던 1960년대까지만 해도 학교는 동네에서 가장 근사한 건축물이었다. 시설도 가장 양호했다. 그 후 급격한 근대화·산업화를 겪으면서 학교보다는 집이 훨씬 편안하고 안락한 공간으로 자리 잡기에 이른다. 근대화·산업화 속도만큼은 아니지만 삶의 공간으로서 집과 일터의 환경적 조건에 대한 사람들의 감수성이 조금씩 자라나기 시작한 것도 이 무렵이다.

집과 사무실이 오랜 시간을 두고 공간에 대한 인식과 감수성을 키워가는 동안 학교는 꼼짝도 하지 않았다. 마침내 학교는 동네에서 가장 괜찮은 건축물의 지위를 상실했다. 오히려 이제는 집이나 사무실보다 낡고 볼품이 없어졌다. 안전하지도 않으며 호기심을 불러일으키지도 않는다. 학생에게나 교사에게나 학교는 어쩔 수 없이 버텨야 하는 공간이 되어버렸다.

2016년 기준으로 31년을 초과하는 학교 건물(전체 면적)이 전체 학교 건물(전체 면적)에서 점유하는 비중이 27.8%에 이른다. 이 가운데 중학교가 28.2%로 31년 이상 된 학교 건물 가운데 노후화가 가장 심각하다. 40년 이상 된 학교 건물도 초등학교가 14.3%로 중학교(11.8%)나 고등학교(11.0%)보다 노후화가 심각한 상황이다. 40년을 초과한 학교 건물(전체 면적) 비중이 높은 지역으로는 전남(23.2%), 제주(20.8%), 경북(20.4%) 순이며, 세종(3.8%), 광주(4.9%), 인천(5.7%) 순으로 낮은 것으로 나타났다.[1]

단언컨대, 학교공간의 모든 조건은 집이나 사무실보다 좋아야 한다. 학생들에게 창의적 감수성을 가르치려면 학교는 가장 근사하고 흥미로우며 품격 있는 공간이어야 한다. 하지만 현실은 가장 치명적이고 불쾌하며 비인간적이며 비민주적인 공간이 학교다. 삶이 가능하지 않다. 품격이란 도무지 불가능하다. 그것을 억

---

1. 국회예산정책처, 『지방교육재정 운용분석-학생 수 감소를 중심으로』, 68~69쪽~132쪽, 2016년.

지로 가능하게 하려다 보니 학생들을 복종시키기 위해 규정과 폭력으로 강요하며 억압하는 것밖에 할 줄 모른다.

학교공간이 학생들의 숨통을 열어주어야 한다. 학생을 관리와 지도의 대상으로만 여기는 낡은 교육관을 고집하는 학교에서는 학생들의 삶이 가능한 공간, 학생들의 성장을 돕는 공간으로서의 모색이나 전환은 어려울 수밖에 없다. "기존의 '교육개혁 education reform'이 교수·학습 활동의 개선에 주로 관심을 가졌다면, 공간을 통한 '학교개혁school reform'은 그 공간에 정주하는 학생들이 먹고, 자고, 놀고, 공부하는 생활공간임을 염두에 두는 개선이 되어야 할 것이다."[2]라는 지적은 학생들의 삶의 공간으로서 학교의 기능과 역할에 더 큰 방점을 찍고 학교공간 혁신을 추진해야 한다는 뜻이 담겨있다.

틈이 있어야 표정이 나타난다

학교공간에는 표정은 없고 계몽적 구호만 넘친다. 건물 안에서는 입구부터 계단, 벽, 교실 가릴 것 없이 규율과 질서를 세뇌한다. '○○한 인간 육성'이라거나 '쓰레기를 버리지 말자', '담배를 피우지 말자', '복도에서 뛰지 말자' 등과 같은 메시지를 담은 계몽과 금지의 구호가 넘쳐난다.

---

2. 신나민, 「교육학자의 관점에서 본 학교공간 개선」, 24쪽, 『한국교육시설학회지』 제90호, 2012년.

계단, 벽, 교실 가릴 것 없이 학교공간에는 표정은 없고 계몽적 구호만 넘친다.

건물 밖 담벼락에는 학교에서 내 건 온갖 종류의 학교 홍보용 현수막이 나부낀다. 마치 학교공간이 구호와 계몽의 거대한 전시장 같은 전근대 풍경을 연출한다. 그러나 정작 학생이나 교사들이 마음껏 삶의 자유, 표현의 자유를 누릴 공간은 손바닥만큼도 없다. 심지어 근래에는 '공동체의 약속'이라고 이름 붙인 새로운 규칙까지 등장했다. 그 이름이 무엇이든 따르고 지켜야 할 규칙이 많아진다는 것은 공동체의 질서를 강조하며 촘촘하게 길들이는 교육을 하겠다는 것과 다르지 않다.

'개통령'으로 유명한 반려견 훈련사 강형욱 씨가 언론과의 인터뷰에서 한 말은 교육 공간인 학교와, 교사에게도 큰 울림과 성찰의 실마리를 제공한다. "한국에서는 개를 빨리 앉게 만들고 행동을 멈추게 하는 것이 교육인 줄 알았다면, 개에게 명령하지 않아도 함께 잘 사는 법을 배웠죠. 지금까지 내가 했던 교육이 학대라는 걸 알게 되니, 죄책감에 잘 못 하는 술도 마시고 울기도 했어요. 나로 인해 안락사를 당한 개도 세 마리나 있었거든요".[3]

학생들에게 규칙과 약속이라는 이름으로 명령하며 사고와 행동을 통제하지 않고도 함께 더불어 잘 살 수 있다는 믿음이 학교공간을 살리는 감수성으로 자리 잡아야 한다. 규칙으로 얽매인 인간관계의 쓸쓸함을 지적하는 "규칙은 참 쓸쓸한 거네요."[4]라는 학생의 말이나 "규율은 복종 되고 훈련된 신체, '순종하는'

---

3. 이현진, 「이기적인 당신, 개 키우면 안 된다… 아직」, 『오마이뉴스』, 2015년 3월 19일 자.
4. 하이타니 겐지로, 《모래밭 아이들》, 200쪽, 2008년, 양철북.

신체를 만들어낸다"[5]는 푸코의 일갈 역시 외면해서는 안 된다. 학교에서 주목할 것은 자율과 자치를 존중하는 민주적 공간으로서의 조건과 지위를 획득하려는 것이어야 한다.

감수성이 있는 공간은 '틈'이 있는 공간이다. 놀 틈, 공부할 틈, 밥 먹을 틈, 연애할 틈, 책 읽을 틈, 잠 잘 틈, 쉴 틈 등이 있어야 감수성이 자란다. 빈틈 없이 정한 규칙과 약속만 작동하는 공간이 아니라 한걸음 내렸다 가는 틈이 있어야 학교를 삶이 가능한 사람의 공간으로 만들 수 있다. 학생들이 인생에서 가장 예민하고 급격한 성장기를 보내야 하는 학교라는 공간은 더욱 그래야 한다. 틈을 만드는 학교라야 학생이나 교사의 성장도 가능하다. 학교의 물리적·기능적 공간의 틈은 물론 학교라는 제도와 정책의 공간에도 틈은 필요하다.

두어 곳을 제외한 전국의 거의 모든 시도교육청에서는 '행복'을 중요한 교육지표 구호로 내걸고 있다. '모두가 행복한 혁신 미래 교육', '새로운 학교 행복한 아이들', '함께 행복한 교육', '가고 싶은 학교 행복한 교육 공동체' 등과 같이 '행복'이라는 단어가 빠짐없이 들어있다. 그렇다면 과연 학교라는 공간에서 학생들은 온전히 행복하며 더불어 교사도 그 행복을 나누어 누리고 있을까? 이를 확인하려면 학생과 교사가 행복하다고 느낄 수 있는 공간의 틈이 있는지를 확인해보면 된다. 틈이 있어야 행복도 알아차리고 누릴 수 있기 때문이다.

---

5. 미셸 푸코, 《감시와 처벌》, 217쪽, 2003년, 나남출판.

〈학생 존중의 약속〉

우리들은 이렇게 하겠습니다.

1. 인사를 잘하고 예의바른 학생이 되겠습니다.
2. 욕설, 비속어, 비난의 말 대신 고운말, 바른말을 사용하겠습니다.
3. 우리는 활기차고 밝은 학생으로 스스로 행복해지도록 노력하겠습니다.
4. 친구들을 존중하고 배려하는 학생이 되겠습니다
5. 등교시간, 수업시간을 잘 지키며 학교생활을 열심히 하겠습니다.
6. 친구의 비밀을 잘 지키겠습니다.

선생님은 이렇게 해주세요.

1. 단합대회 등 추억을 많이 쌓게 해 주세요.
2. 복장 단속할 때 미리 얘기해 주시고 지각은 한 번만 봐주세요.
3. 차별과 비교 없이 공평하게 모든 학생에게 관심 기울여 주세요.
4. 실수를 하더라도 이해하고 항상 격려해주세요.
5. 수업시간과 조·종례 시간을 잘 지켜주세요.

부모님은 이렇게 해주세요.

1. 부모님 건강하세요.
2. 용돈 올려 주세요.
3. 사생활을 존중해주세요.
4. 공부 스트레스 주지 말고 잔소리도 줄여주세요.
5. 저의 인격을 존중해주세요.

근래에는 '공동체의 약속'이라고 이름붙인 새로운 규칙까지 등장했다.

사람 중심의 공간으로

학교가 삶이 있는 감수성의 공간이 되려면 기능과 효율, 비용적 측면을 먼저 고려하던 관행을 포기해야 한다. 학교공간의 주체인 학생과 교사를 중심으로 사람 중심의 감수성이 우선해야한다. "삶을 위한 공간에는 그 중심에 사람이 있다. 삶의 주인공이 공간의 중심이 될 때 진정한 경험이 일어난다."[6]

관리 기능 중심으로 배치했던 교실이나 교무실 등의 공간도학생과 교사의 동선이나 관계의 경험을 고려한 배치로 새롭게 할필요가 있다. 궁극적으로 삶이 있는 학교(교육)공간은 편안하고안락하며 안전한 공간, 호기심과 감수성을 일깨우는 공간, 창의적 감성을 자극하는 공간, 협력과 소통이 가능한 공간, 아무것도하지 않아도 되는 (비밀스러운) 공간, 놀고 쉬기에 넉넉한 공간, 먹는 일에도 감성이 있는 공간, 학업만 강요하지 않는 공간(다른것 속에 학업이 스며드는 공간), 다양한 관계와 경험이 일어날 수있는 민주적 공간, 틈이 있으며 강압하거나 재촉하지 않는 공간이라고 할 수 있다.

또한 학교공간의 변화를 진행하는 과정이 다시 학교마다 똑같은 형태로 귀결되어서는 결코 안 된다. 초중고교 학교마다 자체의 고유함이 깃든 공간 감수성과 정체성을 만들어야 한다. 구성원들의 특성과 나이, 성장 단계에 따른 성향이나 가치관, 선

---

6. 김종진, 《공간 공감》, 44쪽, 2011년, 효형출판.

호하는 바 등을 충분히 토론하고 반영할 수 있어야 가능한 일이다.

낭만적인 이름이 필요하다

세상에 존재하는 것들 가운데 이름이 없는 것은 없다. 이름은 깃들임의 표지다. 이름이 있다는 것은 존재에 의미와 영혼이 비로소 깃든다는 뜻이 된다. 그렇다면 우리 학교공간의 이름은 어떨까?

먼저 학교들의 이름을 생각해보면 고유한 가치나 의미를 담은 명칭보다는 지역이나 동네의 이름을 따서 붙인 게 흔하다. 학교가 몽룡시에 있으면 몽룡초, 춘향동에 있으며 춘향중 하는 식이다. 몽룡초나 춘향중이라는 교명을 빼앗긴 이웃의 학교는 몽룡제일초, 춘향제일중으로 이름을 붙이는 일도 흔하다. 사립학교의 경우에는 설립자의 이름이나 아호를 교명으로 쓰는 경우도 있고, 교육적 의미보다는 종교적 색채를 분명히 드러내는 이름을 사용하는 학교들도 있다.

내부로 들어가면 교장실, 교무실, 행정실 같은 이름은 아주 오래되었으며 변함없는 것들이다. 교무실이 여러 개면 제1교무실, 제2교무실 하거나 1학년 교무실, 2학년 교무실 하며 숫자를 붙여 부른다. 운동장, 체육관, 강당 같은 이름도 마찬가지다. 강당이나 체육관에는 다른 공식적인 이름이 붙기도 한다. 학교나 동네 이름을 그대로 따서 'OO관'이라고 하거나 '충성관', '중앙관', '은혜관' 등과 같이 전근대적 권위나 유교적 사상을 나타내는 이름을 붙인 학교들도 있다.

학교를 찾는 학부모들을 위해 마련해놓은 공간의 이름은 '학부모 상주실'이다. 이 명칭은 전국의 초중고교 모두가 똑같다. '상주실'이라는 의미가 학부모가 항상 머물러 지낼 수 있는 공간이라는 뜻일 텐데 그 이름이 기괴하고 어색하다고 여기는 것은 학부모들뿐만이 아니다.

이러한 전근대적이며 권위적이고 기능 중심의 행정 편의를 우선하는 학교공간의 명칭에서 온기를 느끼기는 쉽지 않다. 학교공간의 명칭에 깃들어야 할 구성원들의 고유한 가치와 정체성을 반영하지 않았기 때문이다. 붙여놓은 이름마다 너무 경직되어있고 엄숙하다.

화장실을 새로 고쳐 지으면서 화장실마다 '바람의 나라', '숲의 길' 같은 고유의 이름을 붙여 의미를 부여하고 정감을 더한 서울의 한 중학교 사례는 학교공간의 명칭에도 새로운 감각이 필요함을 역설한다. 화장실이라는 공간의 배설 기능에만 집중한 것이 아니라 사람을 배려한 '다른 생각'을 담은 것이기 때문이다.

학교 이름을 포함한 학교의 모든 공간의 명칭은 좀 더 낭만적일 필요가 있다. 학생, 교사, 학부모가 모두 참여하는 이러한 학교공간 이름 붙이기를 통해 학교가 지닌 경직과 엄숙을 덜어낼 수 있다면 학교는 즐겁고 행복한 교육 공동체에 한 걸음 더 다가서게 될 것이다.

빛을 밝히고 색을 채워라

유색유죄 무색무죄

학교건축에서 공간의 색과 빛·조명이 차지하는 비중과 무게는 상당하다. 그러나 지금까지 거의 무시하거나 외면해왔다. 감히 '색이 있는 빛' 같은 것을 학교공간에 들이는 일은 상상도 할 수 없는 금기 아닌 금기로 작용하는 게 여전한 현실이다.

색이 인간을 치유하기도 하고 기분, 인식, 행동, 사고 등에 적지 않은 영향을 미친다는 것을 생각하면 이 같은 학교의 색채 감각은 시급히 교정해야 한다. "공간에서 색만큼 사람들에게 직접적인 영향을 끼치는 요소는 없으므로"[7] 학교공간도 건물 안팎의 색채에서 미적 감각을 반영하고 심리적 효과를 생각해야 한다. "건축의 색채는 무의미한 공간에 풍성함을, 무감각에서 감정적 작용을 불러일으킴으로써 인간과 건축의 관계성을 끌어낸

---

7. 김석훈,《공간 디자인》, 64쪽, 2015년, 길벗.

버스 손잡이도 여러가지 색깔로 다양성을 추구하는 세상이지만 학교는 색을 싫어한다.

다".[8] 학교는 인간과 건축의 관계성을 넘어 인간과 인간의 관계성으로 건너갈 수 있는 색채가 필요하다.

공간의 특성에 따라 벽이나 바닥 등의 색을 달리 칠하는 외국과 달리 대체로 우리나라 학교의 외벽들은 어둡고, 선명하기보다는 흐리고 잘 드러나지 않는 색으로 마감돼있다. 학교 건물이 아주 강렬한 인상을 주는 색이거나, 유쾌·발랄하거나 따뜻한 기운 혹은 부드러운 느낌을 주는 색으로 깊은 전율을 남기는 경우는 흔하지 않다. 사실상 학교에는 색도 없고 빛도 없다. "색은 인간이 오랫동안 경험해온 행복"[9]인데 색이 없는 학교는 창백할 뿐이다.

다른 면에서 학교는 색에 대해 매우 예민하며 아주 무지하다. 이를테면 학생들의 셔츠와 양말, 가방, 신발(실내화 포함), 외투, 심지어 속옷까지 총망라해 색을 빼라고 요구한다. 기껏 허용하는 게 회색이나 남색, 검은색 정도다. 학생들의 화장과 머리 염색을 학교가 그토록 기겁하는 이유도 무채색을 원하기 때문이다. 방학 때나 수능을 마친 후 머리 염색을 하는 학생들이 급증하는 것은 평소 학교공간에서 억압되었던 색에 대한 갈망이 한꺼번에 폭발하는 '한국적 현상'의 하나다.

한때 학생들 사이에 얼굴을 하얗고 진하게 하는 이른바 '가부키 화장'이 유행한 적이 있다. 당연히 학교는 이를 단속했다. 하지만 정작 가부키 화장 같은 한 가지 색으로 한 가지 표정만을

---

8. 이선민,《건축의 색》, 93쪽, 2017년, 미메시스.
9. 김정해,《색깔의 힘》, 33쪽, 2016년, 토네이도미디어그룹(주).

짓고 있는 건 학교라는 사실을 지금도 학교는 알지 못한다. 학교는 학생들에게 '유색유죄 무색무죄'의 공간이다. "학교가 학생의 주목을 받으려 한다면 먼저 학생에게 주목해야만 한다. 하지만 학교는 자신만의 주의력결핍장애를 가지고 있다."[10] 라는 말이 있다. 장애의 비유임에도 불구하고 이 말은 학교가 새겨들어야 할 강력한 호소다.

그렇다면 과연 우리의 초중고교 교실 공간에는 몇 가지의 색이 등장하며 얼마나 다양할까? 장 가브리엘 코스는 "오늘날 대부분 교실의 벽이나 가구는 교육에 가장 부적합하다고 여겨지는 색으로 칠해져 있다. 창고나 구치소처럼 학교에도 무채색 환경이 지배적이다."[11] 라고 했다. 우리의 경우 초등보다는 중등(중고교)으로 옮겨갈수록 교실 공간은 훨씬 더 무채색이 짙어진다. 학생들의 옷차림에서부터 교실 게시판, 가구 등에 이르기까지 색은 철저히 배제되거나 한 가지로 집중된다. 교복은 학교와 교실 공간을 무채색으로 만드는 결정적 원인 중 하나다. 교복으로 학생들의 자유분방한 색에 대한 욕망을 제한하고 집단의 정체성을 부여함으로써 개인의 자유로운 신체를 통제한다. 학교가 바라는 질서와 규칙에 복종하도록 길들이는 작업이 본격화되었다는 뜻이다.

---

10. 엘리엇 워서 외, 《넘나들며 배우기》, 57쪽, 2014년, 민들레.
11. 장 가브리엘 코스, 《색의 놀라운 힘》, 55쪽, 2016년, 이숲.

학교는 색을 싫어한다. 학생들의 양말도 희거나 어두운 색이어야 한다.

피카소의 원칙대로

교실 벽이나 천장과 바닥에도 색은 없다. 칠판은 푸르고, 책상과 의자는 모래색 한 가지뿐이다. 전 학년 모든 교실이 똑같다. 똑같은 색깔의 출입문 입구에 붙여놓은 똑같은 디자인의 학급 명패가 없다면 제 교실을 찾아가지 못하는 일이 생길 수도 있다. 그것 말고는 교실에 더 이상의 색은 없다. 학생들은 종종 그 하얗고 흐린 교실이나 복도 벽에 자기들만의 문자와 그림으로 낙서하며 색을 입히기도 한다. "아이들이 잿빛 담벼락에 선명한 색으로 낙서하는 것은 본능적으로 무채색 환경에서 벗어나려는 욕구가 있기 때문이다. 아름다운 색으로 칠해진 건물 벽에 낙서하는 아이들은 드물다".[12]

교실에서 복도로 나와도 상황은 마찬가지다. 복도 역시 벽과 천장, 바닥 색은 희거나 흐리며 지저분하다. 이러한 학교공간은 색채에 대한 시각적·감각적 퇴행을 불러올 수밖에 없다. 교실은 물론 복도 공간의 색이 다양하고 빛이 입체적이어야 하는 이유가 바로 이 때문이다. 교실과 복도는 물론 학교공간 모두에 저마다 고유의 색을 입히고 벽과 천장, 바닥을 달리해 색으로 구분하기도 하며, 교실 출입문도 학생들이 원하는 빛깔이나 인상적인 색으로 포인트를 주어 꾸미는 학교가 많아져야 하는 이유이기도 하다. 학교의 공간적 교육 환경이 부모와 교사 다음의 '세 번째

---

12. 장 가브리엘 코스, 《색의 놀라운 힘》, 159쪽, 2016년, 이숲.

교사The Third Teacher'라고 말하는 책에서는 "학교의 각 공간을 어떻게 사용할지 결정한 다음, 공간의 분위기를 지원하는 페인트 색상을 지정"[13]하라고 조언한다.

학교 밖 세상은 초고화질의 시대인데 학교는 흑과 백의 명암만 있다. 학교에서 천편일률적인 흰색(계열)을 걷어내는 작업을 서둘러야 한다. 학생들의 정서적 균형을 위해서라도, "획일적인 흰색 도장이 드러내는 학교의 권위적 질서"[14]를 무너뜨리기 위해서도 그렇다. '하얀 방 고문'[15] 같은 무서운 폭력적 취향을 학교는 더 이상 고집하면 안 된다.

거의 모든 초중고교의 실내 공간에 바탕색이 되어버린 흰색은 청결을 강조하고 오점을 허용하지 않는다. 한창 오색 빛깔로 기운을 발산해야 하는 학생들에겐 너무 가혹한 색이다. 장난과 실수를 용서하지 않는 공포의 흰색으로 학생들의 정서와 행동을 제한하지 말고 형형색색으로 학생들의 기운을 북돋우고 학교공간을 밝혀야 한다. "적절한 색을 고르지 못해서 흰색을 선택하는 것은 최악이다. 끝내 색을 결정하지 못한다면, '파란색이 없으

---

13. Cannon Design 외, 《The Third Teacher》, 181~182쪽, 2010년, ABRAMS.

14. 오영재, 《한국 학교조직 질적 연구》, 25쪽, 2006년, 학지사.

15. 2014년 12월 미국 중앙정보국CIA은 테러 용의자에 대한 고문 실태 보고서를 공개했다. 이 보고서의 내용 가운데 가장 후유증이 큰 고문인 '하얀 방 고문 White Room Torture'이라는 것이 등장한다. 수감자의 머리카락, 수염 등 모든 체모를 깎은 채 나체로 벽, 바닥, 천장 등이 모두 하얀색으로 된 방에 가두어 흰 조명을 비추고 소음이나 음악을 계속 트는 고문이다. 이러한 고문에 노출된 수감자는 시간이 지나면서 시공간 감각이 마비되는 감각 이탈 증상과 정신분열까지 겪게 된다고 한다.

면 빨간색으로 칠한다'는 피카소의 원칙을 따르라"[16]는 경고를 기억할 일이다.

총천연색 고화질 세상 속 흑백 TV처럼

학교에서 조명은 색보다 더 방치된 측면이 있다. "빛이 가장 필요한 연령층은 아동과 청소년"[17]이라고 하는데 교실 속 빛의 조건은 그러한 요구를 충족하지 못한다. LED Light Emitting Diode 조명으로 교체하는 작업을 하고는 있지만 여전히 낡은 형광등이 깜박거리고 있는 교실이 더 많다.

조도는 기준치 300lux에 미치지 못하는 교실이 많고 기준치 역시 교실을 충분히 환하게 밝히기에는 부족하다. 자연 채광에 대한 기준은 아예 없다.

학교 교실은 일반적으로 커튼이나 블라인드로 조도 불균형과 햇빛의 직사광선을 조절한다. 겨울에는 창틈으로 새어드는 찬바람과 냉기를 일부 막는 역할도 한다. 커튼이나 블라인드를 사용함으로써 창문을 통해 교실로 들어오는 자연 채광은 사실상 의미가 없어진다. 자연채광은 너무 밝거나 눈부시거나 따갑다. 칠판에 반사되는 직사광선은 학생들의 눈의 피로를 가중한다. 커튼이나 블라인드가 이를 조절하는 역할을 하는데 그러다 보니

---

16. 장 가브리엘 코스, 《색의 놀라운 힘》, 128쪽, 2016년, 이숲.
17. 장 가브리엘 코스, 《색의 놀라운 힘》, 102쪽, 2016년, 이숲.

맑은 날 한낮에도 커튼이나 블라인드를 내리고 인공 전기 조명으로 교실 공간의 조도를 밝혀야 한다. 자연 채광을 고려해 남향 중심으로 설계한 교실이 실제로는 뜻하지 않은 불편을 겪는 것이다.

학교 조명에 대한 기준과 지침 역시 단편적이다. 교육부는 물론 각 시도교육청에서도 교실 공간의 조도와 관련해서는 특별한 지침이 없고 준수 여부는 파악조차 하지 않는다. 영국이나 캐나다, 일본에서는 학교 조명에 대해 공간별 세부규정에 따라 조명의 밝기와 위치 등을 구체적으로 규정하고 있다고 한다. 교실 전체의 밝기와 조명의 숫자뿐만 아니라 조명으로 인한 눈부심과 직사광선을 적절히 차단하는 것까지 고려하는 등 최적화된 교실 환경을 구현하려고 노력한다. 주먹구구인 우리의 현실과는 아주 대조적인 모습이다.

특히 교실과 같은 실내 공간에서 자연의 빛을 충분히 끌어들일 수 있도록 하는 것은 매우 중요하다. "햇빛의 양에 따라 성적도 오르고 출석률에도 유의미한 영향을 끼친다"[18]는 연구도 있거니와, 햇빛은 학생이나 교사들의 건강을 양호하게 할 뿐만 아니라 다양한 영향을 주어 일상에 탄력성을 줄 수 있기 때문이다.

---

18. Cannon Design 외, 《The Third Teacher》, 47~48쪽, 2010년, ABRAMS.

자연 채광은 교실을 밝히는 데 별다른 역할을 하지 못한다.

빛만큼 그늘과 어둠도 필요하다

조명은 단순히 특정 공간에서 빛의 유무를 확인하거나 밝기만을 의미하는 게 아니다. 삶의 질과 연결되며, 공간에 숨결을 불어넣고 안락함을 더하는 결정적 요소가 되기도 한다. "교실 내의 조명은 실내 공기의 질과 함께 학생의 학업성취에 직접적으로 영향을 미치는 요인인 것으로 밝혀졌"[19]으며, "채광은 조도를 위해서뿐만 아니라 실내의 위생 상태를 적절히 유지하기 위해서도 필요하다".[20]

학교 안의 공간마다 각각의 조건과 용도를 고려하여 조명의 종류와 밝기, 채도, 색온도 등을 달리해보는 시도도 필요하다. 같은 공간이라 하더라도 때에 따라 조명의 상태를 조절할 수 있도록 하는 것도 유용할 것이다.

특정한 공간에 밝고 색온도 등이 높은 조명을 오래 켜놓으면 스트레스를 받게 된다. 공간에는 조명과 빛이 필요한 만큼 그늘과 어둠도 필요하다. 휴식시간에 교실의 조명을 낮출 수 있으면 학생들의 스트레스를 줄이고 안정감을 주는 효과를 얻을 수도 있다는 말이다. 하루 종일 빛이 들고 밝기만 한 곳은 인간을 위한 공간이라고 보기는 어렵다. 따라서 단순히 조명을 켜고 끄는 데 그치는 것이 아니라 밝기의 정도와 색온도를 조절할 수 있다

---

19. 신나민·박종향, 「학교공간 개선이 학생, 교사, 학교, 및 지역사회에 미치는 다면적 효과에 관한 연구」, 『한국교육시설학회논문집』 통권 제85호, 46쪽, 2011년.
20. 이상현, 《몸과 마음을 살리는 행복 공간 라운징》, 93쪽, 2015년, 프런티어.

면 공간의 기능은 더욱 확장될 수 있으며 사람에게도 안락함을 제공할 수 있다. 학교공간에 그러한 기능과 쓸모를 지닌 조명을 더욱 적극적으로 끌어들이고 설치·활용해야 한다. 색과 빛의 변화만 주어도 학교는 새로운 경험과 삶의 광장이 될 수 있다.

쓸데없는 공간과 곡선

혼자를 위한 라운징과 케렌시아

학교는 철저히 기능 중심으로 건축한 공간들의 집합이다. 지금까지 학교는 일 자형 교사 건물 한 동과 운동장 하나로 그 안에서 모든 기능을 수행하고 해결해왔다. 학교만큼 단순한 건축이 어디 있을까 싶을 만큼 간단하다. 인간을 위해 마련한 공간이지만 인간을 배려하지 않은 매정한 곳이기도 하다. 지금까지의 학교건축은 항상 그랬다.

학생들은 실내 공간인 교실과 실외 공간인 운동장에서 배우고, 놀며, 싸우고, 교사의 눈을 피해 연애도 기웃거리며 10년이 넘는 학창 시절을 보낸다. 그래서 교실과 운동장뿐인 학교공간은 학생들에게 매우 익숙하기도 하지만 경험이나 관계의 확장이 더욱 활발하고 극적으로 일어나기에는 제한된 조건을 지니고 있다.

숨 막히고 빈틈없는 학교에 흐트러지고 널브러질 틈새 공간

직선과 네모에 갇힌 학교.

이 생긴다면 어떨까. 그곳은 실내일 수도 있고 실외여도 좋겠다. 나사 하나쯤 풀어진 몽상과 망상의 공간이어도 괜찮다. 어린 왕자가 의자 하나를 놓고 지는 해를 바라보던 딱 그만큼의 자리여도 나쁘지 않다. 학생과 교사 모두에게 이런 틈새 공간이 필요하다.

오로지 일직선과 네모의 경직되고 획일화된 공간뿐인 학교에, 공부 말고 다른 데는 눈길 한번 줄 수 없고 그래서는 결코 안 되는 학교에 숨통이 필요하다. "쓸데없는 공간이 있어야 정신적인 안락을 얻을 수 있다."라고 했던 건축가 안도 다다오의 말은 우리의 학교건축에도 반드시 깃들어야 할 공간적 철학이다.

학교에는 모두의 공간, 전체의 공간만 있다. 개인의 공간, 혼자만의 공간은 없다. 학생 개인이나 혼자를 위한 학교 내 공간은 무엇보다 교사들을 불안에 떨게 만든다. 그곳에서는 학교폭력이나 흡연 혹은 학생들의 애정행각 같은 논란이 될 만한 크고 작은 일들이 일어날 것이라는 우려가 조건반사처럼 개입해 작동하기 때문이다.

감시의 기회를 놓치는 순간 찾아올 막연한 불안에 학교와 교사는 위태롭게 떨고 있다. 그로부터 감당해야 할 책임이나 비난 같은 것이 더 큰 두려움을 예비한다. 시간과 공간을 가리지 않고 학생들에게는 틈을 주어서는 안 되며 정해놓은 시간표대로 지정된 교실과 책상에 앉아서 교과서에 몰입할 수 있도록 하는 게 최선의 안전이며 합당한 처사라는 생각이 굳어질 수밖에 없다.

그 결과 10대들은 해를 거듭할수록 '무기력', '권태', '귀차니즘'

같은 것을 전형적인 세대의 특징처럼 지니게 되었다. 무기력하다는 것은 힘을 일으킬 에너지를 상실 혹은 소진했다는 뜻이다. 자극에 반응할 심리적 작용이 일어나지 않는다는 것이며 학교가 학생들에게 아무런 자극이나 흥미, 호기심을 불러일으키지 않는 공간이라는 이야기도 된다. 발산해야 할 에너지를 지닌 학생들을 학교는 오로지 단속하고 억누르는 데 집중하며 지나친 관심을 쏟고 있다는 말이기도 하다. 그러므로 "정작 학생들이 자유롭게 누릴 수 있는 공간, 사고를 몽상으로 망상으로 확장할 수 있는 공간은 없거나 점점 사라지는 추세다. 요컨대 교실(학교)은 더 각박해지고 삭막해졌다"[21]는 진단은 적확하고 유효하며 학교공간의 비인간적 서늘함을 거듭 확인케 한다.

학교에는 흐트러질 공간, 널브러질 곳이 필요하다. 학생이나 교사에게 모두 그러하다. 타인과 친밀함을 나눌 수 있는 곳도 필요하고 누구와도 접촉하지 않으면서 홀로 머물면서 일정한 거리를 유지할 수 있는 공간들이 필요하다.

일종의 은신처처럼 조용히 깃들 수 있는 쉼의 공간, 조명이나 환경이 정적 행동을 유도하고 심리적 안정과 위안을 줄 수 있는 정서적 공간이면 충분하다. "사람을 만나고 쉬는 라운지와 같은 공적 공간에서 타인과 함께 있되 불편함을 느끼지 않을 정도의 심리적 거리를 확보하며 몸과 마음을 가볍게 하는 것을 의미"[22]하는 라운징lounging, lounge+ing 공간이 있어서 만족과 위안

21. 최윤필,《겹겹의 공간들》, 102쪽, 2014년, 을유문화사.
22. 이상현,《몸과 마음을 살리는 행복 공간 라운징》, 8~9쪽, 2015년, 프런티어.

을 얻을 수 있으면 된다. 이러한 공간은 실내·실외에 골고루 분포하도록 구성하며, 학생과 교사 모두가 함께 적절히 이용할 수 있어야 한다.

최근 자신만의 아늑한 휴식처이자 회복과 치유, 모색의 공간을 뜻하는 '케렌시아Querencia' 바람이 불고 있다는 사실에도 주목할 필요가 있다. 케렌시아는 투우장의 소가 마지막 일전을 앞두고 잠시 숨을 고르는 자기만의 공간을 의미한다. 일종의 피난처나 안식처 같은 제3의 공간 정도로 이해하면 될 것 같다. 학교 안에도 이런 케렌시아가 있다면 구성원들은 정서적 위안을 통한 휴식과 회복의 시간을 누릴 수 있을 것이다.

무엇보다 학습 활동이 이루어지는 곳이 아니면 필요 없는 공간이라고 생각하는 고정관념과 그러한 공간에 대한 차단과 금지 중심의 사고를 내려놓아야 한다. 쓸데없다고 인식되는 공간에 대한 막연한 두려움에서 학교 스스로가 벗어나서 감시의 기능을 내려놓으려는 노력이 우선해야 한다. 학습 공간이 아닌 공간의 유용한 쓸 데 있음에 대해서도 성찰이 필요하다. "지금은 좀 더 창조적으로 '쓸데없는 공간'을 활용해서 개개인의 발상력과 아이디어를 만들어내는 장소여야 한다고 주장하는 시대가 되었"[23]기 때문이다.

---

23. 오자와 료스케,《덴마크 사람들은 왜 첫 월급으로 의자를 살까》, 146쪽, 2016년, 꼼지락.

획일적인 일 자형 건축이 아니라 구부러진 형태로 입체감을 살린 학교 건물.

네모와 직선을 구부리고 주름지게

정서적 기능을 하는 쓸데없는 공간을 확보하려면 학교 안에 도사리는 네모와 직선을 구부리고 주름지게 할 필요가 있다. "사각형은 직선만을 허용하며, 곡선을 배제한다. 건물의 여백은 아름다움으로 인식되는 것이 아니라 비효율로 인식된다".[24]

학교는 네모와 직선의 공간이다. 오래전 유행한 대중가요의 노랫말처럼 "네모난 책가방에 네모난 책을 넣고 네모난 버스를 타고 네모난 건물을 지나 네모난 학교에 들어서면 또 네모난 교실 네모난 칠판과 책상들"[25]을 마주해야 한다. 교실에서도 학생들은 직선으로 앉아 앞을 바라보고 있어야 하며 복도에서도 직선으로 걷는다. "우리가 흔히 볼 수 있는 박스 형태의 학교건축물들은 아이들과 청소년들의 약동하는 성정을 손쉽게 죽여버릴 수 있는 형태이다".[26]

학교 안에서 만나는 공간들은 대체로 네모이면서 동시에 직선의 형태다. 네모와 직선으로 둘러싸인 학교는 평면적이면서 규격화된 질서 속에 경직되어 있다. 여유가 없고 엄격하다. 냉철한 감시의 기운이 짙다.

학교공간의 획일적인 네모와 직선을 깨트리면 만남이 잦아지고 관계가 확장된다. 권위적이고 위압적인 공간의 표정도 달라진

24. 박승규, 《일상의 지리학》, 126~127쪽, 2009년, 책세상.
25. 화이트, '네모의 꿈' 중에서.
26. 크리스티안 리텔마이어, 《느낌이 있는 학교건축》, 68쪽, 2005년, 내일을여는책.

다. 정서적 여유와 느긋함이 스며들어 배려하는 일이 많아진다. 학교폭력이나 왕따 같은 소외와 차별의 폭력적 상황도 줄어들 개연성이 아주 크다. "모퉁이가 없다면/ 그리운 게 뭐가 있겠어// 모퉁이가 없다면/ ……// 인생이 운동장처럼 막막했을 거야// 골목이 아냐 그리움이 모퉁이를 만든 거야"[27]라고 한 시인의 말처럼 네모와 직선을 대신한 둥글게 꼬부라진 모퉁이 자리에서 서로에 대한 그리움이 차오르는 따뜻함을 학교에서도 느낄 수 있게 될 것이다.

네모와 직선으로 설계하는 학교건축은 이제 그만해도 좋을 때가 되었다. 그 안에서 학생들에게 둥글고 긍정적으로 사고하고 행동하라는 모순된 교육을 하는 오류를 수정할 시간이 되었다. 둥글고 부드러워져야 할 것은 학생들의 생각이 아니라 네모와 직선에 갇혀 경직된 학교공간이다. 비용의 부담을 감수하더라도 곡선을 포함한 부드럽고 관계의 밀도가 높아질 수 있는 구조로 바꾸려는 시도가 늘어나야 한다. 각도와 자세를 구부리고 위로만 쌓아가는 높이도 좀 낮추면 좋겠다.

네모와 직선이 말하는 규격화된 질서, 감시, 냉철, 경직, 무관심, 엄격, 상처가 아니라 부드러운 곡선과 주름이 제공해주는 공감, 여유, 느림, 소통, 부드러움, 호기심, 너그러움, 치유 같은 것들로 학교에 온기가 돌기를 기대해보고 싶은 것이다.

---

27. 안도현, 〈모퉁이〉, 《너에게 가려고 강을 만들었다》, 48쪽, 2004년, 창비.

2부
건물 안으로 들어가면

교문, 교육철학과 가치관이 드러나게

호락호락하지 않은 출입구

우리나라 초중고교 학생들의 삶은 교문을 통과하기 이전과 이후로 나뉜다. 교문 밖에서는 허용, 자율, 사복, 두발·복장의 자유 등이 통 크게 보장되지만 교문 앞에 서는 순간 금지, 감시, 명령, 지도, 교복, 두발·복장 제한이라는 불심검문 검색대를 거쳐야 하기 때문이다. 그 검색대를 무사히 단 한 점의 어긋남도 없이 통과해야만 교문 안으로 들어설 수 있다. 그때부터 비로소 학생은 학교가 바라는 '학생다운 학생'으로 인정을 받는다.

교문은 학생다운 학생과 그렇지 않은 학생을 구분 짓는 경계다. 교문 검색대를 통과하지 못한 학생들은 감시가 허술한 후문이나 개구멍이라고 부르는 통로를 이용해 교내로 잠입하거나 아예 학교 진입을 포기하고 교문 이전의 세계에서 하루를 보내기도 한다. 교문은 학생들에게 있어 한 세계(교문 이전의 자율적 세계)에서 다른 세계(교문 이후 감시와 단속 등의 타율적 세계)로 입문 의식을 치르는 경계의 공간이다.

학교라는 수용시설로 입소하는 입구로서 교문을 두고 군대의 위병소 같다고 지적한 의견들은 오래전부터 있었다. 학교가 태생적으로 지닌 공간의 구조와 내용의 문제, 교문 앞 검색대에서 벌어지는 단속과 지도의 기능을 염두에 둔 발언들이었다. '교문 지도' 혹은 '등교맞이'라고 부르는 의식으로 대표되는 행위들이 바로 그것이다.

내가 어릴 때 살던 작은 동네에는 고등학교가 하나 있었다. 골목길을 빠져나와 큰길로 나서면 곧장 그 고등학교의 진입로와 교문이 보였다. 아침마다 흔히 볼 수 있는 풍경이 하나 있었다. 고등학생들이 교복의 옷매무새를 가다듬고 모자를 가방에서 꺼내어 쓰고, 서로 마주 보며 매무새를 고쳐주고 난 후에야 교문 앞으로 걸어 들어가는 것이었다. 그러면 군복을 입고 교문에 서 있던 교사와 교련복을 입고 노란 선도부장 완장을 찬 학생이 그들을 일일이 훑어보고 살폈다. 무사히 통과하는 학생이 많았지만 일부는 그 자리에서 곧장 교사에게 '싸대기'를 맞거나 교문 옆에 '엎드려뻗쳐'를 하는 걸 놀란 가슴으로 지켜보곤 했다.

세월이 많이 흐른 지금도 교문 앞 풍경은 그때와 별반 달라진 게 없다. 군인들이 위병소 입소 의식을 치르듯 정해놓은 암구호를 서로 확인하지는 않지만 대신 교복과 두발, 신발 등의 복장 검사를 비롯한 일련의 감시와 지도·단속이 벌어진다. 교문 이전의 세계에서 교문 안의 세계로 들어가려면 반드시 거쳐야 하는 과정이다. 일종의 통과의례Rite of passage다. 날마다 같은 순간만

돌기둥을 세우고 그 사이에 통로를 내는 방식의 교문.

무한 반복된다. 그러므로 교문을 아무리 통과해봐야 통과의례의 과정에서 나타나는 '성장'이나 새로운 삶으로의 '재탄생'은 없다.

하루의 시작을 위해 학생들이 등교하는 교문에서조차 학생들에게 무언가를 '지도'해야 한다는 강박은 학교의 오랜 전통이다. 학생을 자율적인 인격체가 아닌 '지도'의 대상으로 간주하는 학교의 전근대적 사고는 21세기인 현재에도 유효하다.

학생들에게는 교문이 결코 호락호락한 공간이 아니다. 일제강점기 "학생들의 학교생활을 시간적 순서에 따라 배열하면 다음과 같다. 교문에 들어서면 봉안전[1]에 경례를 한다. 조회가 시작

---

1. 일본에서 메이지 시대 이후 각 학교에 설치해 '어진영'(일왕과 왕비의 사진이나 초상화)과 교육에 관한 칙어를 함께 보관하던 곳. 화재로 어진영이 불에 타면 학교장이 자결하는 일이 생기기도 했다.

되면 동쪽을 향해 요배[2]를 한다. 황국신민서사를 외운다. 교실에 들어가면 교실 내 상징물에 경례를 한다. 수신 시간이 되면 수신 교과서에 있는 교육칙어를 읽는다".[3] 이것이 박정희 정권에 이르러 가슴에 손을 얹고 국기에 대한 경례를 하고 교문을 들어서는 것을 시작으로 황국신민서사 대신 국민교육헌장을 암송하는 것으로 바뀌었다. 기율부紀律部, 지도부指導部, 규율부規律部, 선도부善導部 등의 이름으로 교문 앞에서 학생이 학생을 지도·단속·검열하는 행위들도 그 무렵에 더욱 정교해져서 지금까지 이어지고 있다. 교사의 권력을 대리하는 학생들의 조직을 만들어 학생을 학생이 지도·단속하도록 만드는 교묘한 통제 방식인 것이다. 일제가 조선인을 매수해 앞잡이로 삼고 다른 조선인들을 억압·수탈하며 독립군 색출에 이용한 것과 정교하게 맞아떨어진다.

학교들이 이처럼 교문을 학생들의 지도·단속·검열·명령의 공간으로 적극적으로 이용하는 것은 학생들이 본격적으로 학교 내부 공간으로 진입하기 전에 그들의 적극적이고 자유분방한 욕망을 분리·제거하기 위해서다. 학교가 바라는 순응·단정한 체제로 학생들의 의식과 신체를 전환해야 한다고 생각하기 때문이다. 이 역시 일제 식민 교육이 남긴 흉터다.

---

2. 요배(遙拜): '큰절'을 뜻하는 일본식 한자어.

3. 김진균 외, 〈일제하 보통학교와 규율〉,《근대주체와 식민지 규율 권력》, 98쪽, 1997년, 문화과학사.

등굣길 교문 이벤트보다 일상과 삶이 더 중요하다

경기도교육청에서는 2010년 학생인권조례의 제정·공포를 앞두고 학교마다 공문을 하나 내렸다. '단속과 징벌 중심의 교문 지도를 폐지하고 실내에서 인권교육을 실시하라'는 내용이었다. 학생을 지도의 대상이 아닌 주체적 인간으로 존중하는 학교 문화 정착과 의식의 전환을 요구한 것이다. 이에 따라 선도부나 바른생활부라는 이름으로 교문 앞에 학생부장과 함께 서 있던 교문 지도가 사라졌다. 등굣길 교문을 비워두고 아무도 지키고 서 있지 않은 아주 편안하고 자연스러운 교문 개방 시기가 잠깐 있었다. 학생들이 마음 놓고 누구의 눈치도 보지 않으며 발걸음 가볍게 등굣길 교문을 넘나들 수 있었던 천국 같은 시기였다.

2014년 7월 새로 취임한 교육감은 첫 공식 일정으로 혁신학교인 수원의 한 중학교 교문에서 '등교맞이'로 이름을 바꾼 교문 지도를 했다. 교문 앞에서 등교하는 학생들과 손바닥을 마주치며 하이파이브를 하는 20여 분의 짧은 행위였다. 등굣길 교문 앞에 나타난 낯선 교육감의 등장에 학생들은 어색할 수밖에 없었다.

등굣길 교문을 비워두었던 학교들은 그로부터 다시 혁신학교 여부를 가리지 않고 교문에 교장이나 교사들이 조를 짜서 나가 서 있는 게 공공연해졌다. 교문은 환대 형식을 빌린 이벤트가 진행되는 곳으로 변했다. 등교하는 학생들에게 사탕이나 빵을 나눠주기도 하고 동물 탈을 쓰고 흥을 돋우는 이벤트를 진행하기도 했다. 때로는 교사들이 학생들처럼 교복을 입고 교문 앞에서 학생들을 맞이하는 학교도 등장했다.

건축가 서현 교수는 일부 혁신학교를 중심으로 등굣길 교문 풍경이 달라진 것을 두고 "등굣길 풍경이 바뀐 이유는 다른 교육철학을 지닌 세대의 선생님들이 학교에 왔기 때문이다."[4] 라고 진단했다. 그러나 그는 교문 풍경의 일부만 본 것 같다. 그가 본 것처럼 환대의 풍경을 연출하는 학교들이 있기는 하지만 여전히 전국의 더 많은 학교의 교문에서는 오늘도 지도·단속·검열·명령 행위가 보란 듯이 이루어지고 있다. 그가 인정하는 환대의 형식 역시 지도·단속·검열·명령이 모습을 달리 한 '교문 앞의 행위'일 뿐이다. 등교맞이라는 이름의 행사를 벌이는 혁신학교들의 철학은 공유하지 못한 채 '교문 지도'의 이름을 바꾼 형식만 베낀 학교들이 많다는 걸 잘 모른 탓이다. 등교맞이의 환대 형식으로 지도·단속·검열·명령 등을 공공연하게 한다는 사실까지는 확인하지 못한 듯하다. 교문 지도를 등교맞이라고 이름을 바꾸어 교장과 교사들이 교문 앞을 지키고 서 있는 것을 여전히 학교 혁신·혁신학교라고 우기던 시대는 지나갔다. 성장하지 않는 혁신은 구습일 뿐이다.

지도·단속·검열·명령을 하는 교문 지도가 공포이자 폭력이라면 환대의 형식을 빌린 등교맞이는 당의정이다. 등굣길 교문 앞에서 이벤트로 맞이하는 환대가 하루 종일 학교 안에서 지속되

---

4. 서현, 《빨간 도시》, 185쪽, 2014년, 효형출판.

지 않기 때문이다.

교문 앞에서 벌이는 잠깐의 이벤트보다는 교문을 들어선 이후의 일상과 삶이 더 중요하다. 거짓 환대의 교문을 넘어서는 순간부터 시작되는 낙인과 배제, 멸시와 소외, 징계와 처벌의 풍경을 어떻게 설명할 수 있을까. 등교하는 교문에서부터 생활지도라는 이름으로 자행하는 단속과 지도가 공공연한 장면은 또 어떻게 해명할 것인가. 등교맞이를 옹호하는 이들이 말하는 '인사'와 '나눔'에 의미를 부여하는 주장은 굳이 아침 등굣길 교문 앞이 아니어도 가능하다. 교실이며 복도, 운동장 등 어디서든 인사와 나눔은 훨씬 자연스럽게 할 수 있다.

학교는 삶을 배우고 나누는 곳이고 교문은 그 첫 관문이다. 학생들이 하루의 삶을 시작하는 첫 번째 학교공간인 교문 앞에서부터 시작하는 환대의 이벤트나 단속과 지도의 살풍경은 그어느 쪽이라도 환영하기 어렵다. 이벤트는 학생들 스스로 꾸미고 가꾸는 축제여야 한다. 교문 앞 등교맞이 이벤트는 주최 측의 잔치일 뿐이다.

환대 이후의 거칠고 사나운 학교 문화를 바꾸지 않고 이루어지는 등교맞이는 거짓일 수밖에 없다. 김상곤 전 교육감이 교문지도 폐지를 요구하면서 학교 안에서의 생활과 인권교육에 집중하라는 주문을 한 이유가 바로 거기에 있었던 것이리라 짐작한다.

학생자치회까지 동원해 날마다 교문을 이벤트나 캠페인의 공간으로 변신시키는 것도 안타깝다. 학생자치회를 독립된 학생들

스테인리스로 만든 자바라 형식의 개폐 구조로 된 일반적인 학교의 교문.

의 자치기구로 인정·존중하는 것이 아니라 언제든 명령만 내리면 동원할 수 있다고 생각하기 때문이다. 학생자치회를 캠페인을 위한 학교나 교사의 하청 보조 인력쯤으로 여기고 자치나 자율의 이름을 붙여 아침마다 동원하는 것도 민주시민 교육과는 거리가 먼 행위다.

등굣길 교문은 비우고 활짝 열어 학생들이 자유롭게 드나들도록 하면 그만이다. 캠페인도 이벤트도 필요하지 않다. 서로가 힘들고 어렵게 교문 지도나 등교맞이라는 이름으로 아침에 교문에서부터 무언가 그럴듯한 교육적 행위를 해야 한다는 강박 혹은 집착, 의무감 같은 것을 학교가 버리거나 내려놓으면 된다. 학교가 해야 할 소중하고 책임 있는 일은 따로 많이 있다. 교장이나 교사들이 아침부터 교문 앞을 지키고 서 있지 않는다고 해서 학생들이 더 불행해질 리도 없다. 무엇보다 학생들이 "교사로부터 혼나거나 벌점을 받는 장소와 폭력이 일어나는 장소"[5]의 하나로 교무실과 더불어 교문을 지적하고 '불호不好의 공간'으로 꼽았다 는 사실을 기억하면 좋겠다.

쇠창살이나 돌덩어리로 꾸민 가짜 권위

건축가 김현진은 "대문은 집이 취하는 첫 번째 행동이고, 담과 대문과 처마는 그 집 사람들이 세상을 향해 품고 있는 가치관과 다르지 않다"[6]고 말했다. 학교의 대문은 교문이다. 김현진의 말을 바꾸어 고쳐보면, 교문은 학교라는 집이 취하는 첫 번째 행동이 다. 교문은 거기 사는 이들이 세상과 삶을 어떻게 대하는지를 스 스로 드러내야 한다. 과연 그러한가.

우리나라 학교들의 교문은 쇠창살 철제로 된 문이거나 거대한 돌덩어리인 경우가 대부분이다. 구로야나기 테츠코의 소설 속 주 인공 '토토'가 만났던 살아있는 아름다운 교문[7] 같은 건 현실에

---

5. 박종향·신나민, 「중·고등학생의 호·불호 학교공간 인식에 관한 연구」, 『한국교 육시설학회논문집』 통권 제104호, 54쪽, 2015년.
6. 김현진, 《진심의 공간》, 164쪽, 2017년, 자음과모음.
7. 구로야나기 테츠코, 《창가의 토토》, 23쪽, 2004년, 프로메테우스.
 "토토는 새 학교의 문이 확실하게 보이는 곳까지 오자, 그만 발걸음을 뚝 멈췄 다. 왜냐하면 지금까지 다녔던 학교 문은 멋있는 콘크리트 기둥이었던 데다가, 학교 이름도 대문짝만큼 크게 쓰여 있었었다. 그런데 이 새 학교의 문은 낮은 나무였고, 그것도 잎이 달려있는 게 아닌가! …… 그것은 진짜 뿌리가 있는, 나 무 두 그루로 된 문이었다."

는 존재하지 않는다. 그 안에 사는 학생과 교사들이 어떤 가치관과 철학을 공유하고 교육 활동을 하는지, 어떤 꿈들을 꾸는지 등은 교문만 봐서는 도무지 알 수가 없다. 어느 지역 어느 학교에 가도 거기서 거기로 비슷하다.

하다못해 초중고교라는 학교 급에 따른 차이도 찾아보기 어렵다. 그도 그럴 것이 교문을 디자인하고 건축하는 과정에는 학교 측의 계획과 예산 집행만 이루어질 뿐이다. 학생들이나 교사, 학부모에게 교문의 필요성이나 설계에 반영할 디자인 아이디어 등에 대해 의견을 묻거나 조사하는 일 따위는 절대로 하지 않는다. 전국 모든 학교가 천편일률의 비슷한 모양을 지닌 교문을 달아놓을 수밖에 없는 이유가 거기에 있다. 마치 학교 이름을 별생각 없이 도시나 지역, 마을의 명칭을 붙여서 짓는 것과 같다.

교문에 학교가 취하는 행동도 없고, 그래서 세상을 향해 품고 있는 가치관도 안 보인다. 오로지 학교의 권위를 드러내려는 거친 욕망만 일부 남아있다. 커다란 돌기둥 모양을 웅장하게 세워놓아 누가 봐도 교문에서부터 위압감이 들도록 만들어놓은 교문들이 그렇다. 웅장하고 거대할수록 학교의 권위도 함께 높아진다고 생각한 것일까. 물론 그 돌기둥의 웅장한 높이와 크기가 실제로 해당 학교의 권위와 위엄을 상징한다고 말할 근거는 하나도 없다.

제주의 대정초등학교는 교문이 예쁜 학교다. 개교 100주년이 되던 지난 2008년 커다란 나무 형상을 디자인해 교문으로 설치했다. 높이 6m 규모의 교문은 청동 재질로 설치작가 남기호 씨가

제주 대정초등학교의 교문.

100년 역사의 큰 나무 위에서 자라나는 대정초 어린이들과 대정읍의 상징인 조랑말을 열매로 형상화한 작품이다. 이 교문을 보고 있으면 학교에 들어가는 느낌이라기보다는 미술관이나 예술관 같은 곳에 입장하는 기분이 든다. 밋밋하고 내용 없는 다른 학교들의 천편일률적 교문과는 분위기와 품격이 다르다.

2006년부터 인천도시개발공사와 인천문화재단이 함께 '아름다운 교문 만들기 사업'을 추진한 적이 있었는데 지속해서 확산하지 못한 것은 아쉽다. 당시 이 사업에 선정된 한 학교는 철문으로 된 교문을 해체하고 그 자리에 나무 벤치 등을 꾸며 주민들이 이용할 수 있게 했다. 육중한 교문이 해체된 자리가 놀이터로, 약속 장소로, 주민들의 나들이 장소로 바뀐 것이다. 교문을 없애는 대신, 학교와 지역사회가 만나고 소통하는 공간을 만들어낸 의미 있는 작업으로 평가할 수 있다.

충청남도교육청도 2017년 '교문 설치를 지양하라'는 내용 등을 담은 방침[8]을 내놓았다. 권위주의적 사고로 크고 웅장하게 설치하여 학생들의 정서 함양 및 인성 발달에 부정적이며, 통제 수단으로 활용함으로써 지역 교육공동체와의 소통 단절, 크고 화려하게 설치하여 과잉투자로 인한 교육재정 낭비 등을 교문 설치 지양의 이유로 밝혔다.

획일적인 교문의 모습을 바꾸고자 한다면 교문 없는 학교를 기획해보거나 교문 재료를 기존의 돌이나 쇠가 아닌 나무나 자

---

8. 충청남도교육청, 『안전하고 편리한 학교시설 조성을 위한 교육시설 계획·설계 방침』 [V2.0], 2017년.

연의 재료를 이용하는 방식도 찾아볼 만하다. 평면과 입체의 조화를 디자인할 수도 있으며 학교 구성원들의 아이디어를 모은다면 기발하고 창의적이며 학교의 정체성이나 가치관을 표현하는 교문을 만드는 일은 전혀 어렵지 않다. 학생과 교사, 학부모, 지역 사회가 함께 머리를 맞대고 새로운 교문의 개념을 정의하고 만드는 소통의 과정이 되어야 함은 두말할 나위가 없다. 수직이 아닌 수평의 교문도 가능할 것이며 교문 없는 학교도 새로운 정체성의 하나가 될 수 있겠다.

일반적인 학교의 교문들은 하나같이 학교 이름을 크게 새기거나 돌이나 쇠로 기둥을 세우고 쇠로 만든 문을 달아 거는 형식이다. 가운데 넓고 큰 통로는 차들이 다닐 수 있게 하고 양옆이나 한쪽으로 조붓한 길을 만들어 학생이나 교사, 외부인들이 다니도록 해놓은 구조다. 가운데 크고 넓은 통로에는 접었다 폈다 할 수 있는 자바라 형식의 바리케이드나, 수동(자동)으로 열고 닫히는 차단기를 설치해 차량이나 사람의 출입을 통제하기도 한다.

대체로 교문 위 허공은 현수막 공간이다. 자랑할 만한 잘난 소문을 전파하는 공간으로 활용하는 것이다. 대학 입시에서 일류 대학에 몇 명이 합격했다거나, 전국 대회에서 어느 학생이 우승했다는 소식, 몇 회 졸업생 아무개가 별을 달고 장성으로 진급을 했다거나 다른 졸업생은 판검사가 되었다는 자랑을 주민들에게 내놓고 하는 현수막을 교문 위에 건다.[9] 교문과 현수막은 대체로 한 묶음으로 배치된다.

앞서 언급한 바와 같이 교문은 일반적으로 사람이 드나드는 통로보다 차들이 드나드는 통로가 더 크고 넓으며 통행 우선권을 지닌다. 차량 중심, 차량 우선의 원칙이 통한다. 그러면서 사람의 '안전'을 강조하고 집요하게 추궁한다. 이를 사람 중심, 학생 중심으로 구조와 기능을 바꾸어보면 좋겠다.

학교의 '중앙'이라는 공간은 교장이나 내외빈을 위한 곳이거나 학생들에게는 출입금지 혹은 제한구역인 경우가 많다. 그러므로 교문의 가운데 큰길이라도 차량의 통행을 제한하고 학생들을 위해 활짝 열어 자유롭게 이용하게 하거나 차량 출입용 교문을 따로 만들어 학생, 교사, 학부모 등 '사람'이 드나드는 교문과 구분하는 것도 생각해볼 수 있다. 런던 근교의 에버린 그레이스 아카데미처럼 학생들이 사는 곳에 따라 등하교하는 교문을 저마다 다르게 할 수도 있다. 사람과 차량이 엉키며 통행해야 하는 교문이 오직 하나뿐일 이유는 없다. 학생들이 자유롭게 출입할 수 있는 여러 방향의 교문이 있는 학교라면 등교맞이라는 이름의 당의정 이벤트도 더는 불가능할 것이다.

---

9. 국가인권위원회에서 2012년과 2015년에 걸쳐 전국 시도교육감에게 학교와 학원에서 특정 대학 합격 결과를 게시하지 못하도록 하라는 권고를 내린 바 있다. 학벌주의를 조장하는 등의 문제가 있다고 판단한 것이다. 그러나 대부분 학교는 이를 비웃듯 현수막을 걸고 있고 시도교육청은 감독 역할을 외면하고 있다.

'중앙현관'은 어떻게 성소가 되었나

주인 홀대하고 손님 환대하는 주객전도의 자리

교문이 학교 외부에서 내부로 들어서는 입구라면, 중앙현관은 내부에서 내부로 진입할 때 반드시 거쳐야 하는 관문이다. 대부분의 학교는 중앙현관을 중심으로 주요한 권력 공간이 배치되어 있다. 교장실과 행정실이 중앙현관에서 가장 가까운 지점에 있고 교무실 등이 다음으로 배치되는 게 일반적인 형식이다.

'중앙'은 '한가운데'라는 뜻이다. 학교에서 '중앙·한가운데'는 학생들과는 거리가 먼 공간이다. 교장실이 그렇고, 교실 중앙에 놓인 교탁과 교단이 그렇고, 운동장 중앙에 있는 구령대가 그렇다. 교실 칠판 위 중앙에는 태극기 액자가 걸려있고, 교사 본관 앞 중앙 화단 근처에는 국기 게양대가 펄럭이고 교훈비(교훈탑)가 서 있다. 하다못해 졸업 앨범에 들어갈 사진을 찍는 자리에서도 교장이나 교사는 학생들의 중앙, 가운데 공간에 자리를 잡는다.

그토록 많은 학교 안 중앙·한가운데 중 가장 성스러운 공간은

중앙현관 입구에 있는 가로 5m가 넘는 크기의 초대형 LED 전광판. 학생들의
출입을 금지하는 공간에 학생들 대상의 금지 만능 표어를 띄워놓았다.

흔히 '중앙현관'이라고 부르는 곳이다. 중앙 계단과 이어지는 중앙현관은 중앙 중의 중앙, 가운데 중의 가운데다.

학생들이 중앙현관으로 지나다니는 것을 제한하고 금지하는 학교들 이야기는 오래전부터 이어져 오고 있다. '학교를 방문하는 외부인에게 청결한 학교 환경을 통한 이미지 제고', '조경을 위한 다수의 화분 배치로 많은 학생 출입에 부적합', '원활한 중앙현관 청소를 위한 이용 제한', '하교 시 출입구의 혼잡을 피하고 질서 유지 및 학생 안전 차원' 등을 학생들의 중앙현관 출입 제한 이유로 학교들은 밝히고 있다.[10]

학생들이 등하교하거나 다른 공간으로 이동할 때 중앙현관이 아닌 '주변' 통로를 이용하도록 하고, 중앙현관을 이용하다가 적발되거나 중앙현관의 신성함을 훼손하는 행위를 하면 벌점이나 징계로 처벌하는 학교 이야기도 흔하다. 학교에서 중앙현관은 학생들의 출입을 차단하는 일종의 성소聖所처럼 자리를 잡고 있기도 하다. 일본의 중학교도 "학생 출입구와 교사 및 행정직원의 출입구를 분리하고 있다"[11]고 하니 중앙현관을 통제하는 우리의 실정과 닮은 데가 있다.

중앙현관은 학생들에게는 허용되지 않는 금지의 공간이면서 학교를 방문하는 학부모를 포함하는 외부인과 학교 관리자, 교직원에게만 허락되는 특별한 '환대의 공간'이다. 사실상 학교공간

10. 소중한, 「학생이 중앙현관 이용하면 나쁜 짓?」, 『오마이뉴스』, 2014년 10월 10일 자.
11. 박성철 외, 『한·일 중학교의 공간 구성 비교 연구』, 399쪽, 2013년, 한국교육개발원.

의 주체인 학생들은 소외·홀대하고, 외부인에 해당하는 '손님(외빈)'을 환대·접대하는 주객전도의 공간이 바로 중앙현관이다. 언제 올지도 모르고, 안 올지도 모르는 손님을 먼저 배려하기 위해 365일 날마다 비워두는 불가침의 공간이자, 학교(장)의 권위와 신성함을 상징하는 자리기도 하다. 입학식이나 졸업식을 하는 식장이 입학하고 졸업하는 학생들을 환영하고 축복하는 공간이 아니라 내·외빈들의 축사, 격려사 등의 아무도 귀 기울이지 않는 공허한 말 잔치로 시간을 채우는 무중력의 진공 공간인 것과도 비슷하다.

중앙현관 출입문 입구에 LED 전광판을 설치한 학교가 많다. 학교 이미지를 홍보하는 짧은 표어나 구호를 넣기도 하고, '어서 오세요'나 '환영합니다'와 같은 외부인을 향한 인사말을 띄워 놓기도 한다. LED 전광판의 크기가 작고 쓸 수 있는 글자 수가 제한되어있다 보니 내부의 구성원을 위한 정보 제공이나 알림 기능은 사실상 불가능하다. 전형적인 전시행정이다. 공간의 실용적 활용과 구성원들의 자유로운 공간 이용보다는 대외적 이미지를 만들어 보이는 데 집중한 공간임을 알게 한다. 학생들의 행동을 철저히 통제·제한·관리함으로써 학생을 '지도'의 대상으로 간주하는 교육관을 반영한 것으로도 해석할 수 있다. 이와 같은 공간에서 학생들의 소통·친교·친화의 적극적 행위나 시도는 원천 봉쇄되고 만다. 중앙현관 입구의 입면 위에 큰 글씨로 붙여놓은 '기초·기본에 충실한 학생 육성' 등과 같은 계몽적, 전시성 표어와 구호들 역시 마찬가지다.

지옥의 입구

아주 못된 습성을 지닌 일부 학교에서는 등교 시간에 중앙현관만 개방하고 다른 출입문을 모두 통제함으로써 학생들이 중앙현관을 통하지 않고는 교실로 들어갈 수 없도록 막는다. 이를 통해 중앙현관 앞에서 쥐구멍에 갇힌 꼴이 된 학생들의 복장과 두발을 단속하고 지각생을 잡아내는 일을 간단히 처리한다. 학생들은 중앙현관을 지옥의 입구처럼 느낄 수밖에 없다.

LED 전광판을 지나 중앙현관에 들어서면 양쪽 벽이 학교를 홍보하는 게시물들로 치장돼있다. 구성원들은 잘 알지도 못하는 전직 교장들의 사진이 흑백과 컬러가 섞여 영정처럼 걸려있기도 하고, 전국체전과 같은 온갖 외부 행사에서 받은 상장과 상패, 트로피 등을 유리로 만든 전시실에 넣어 내보이기도 한다. 외부인을 위한 실내화를 가지런하게 정리해놓은 자리도 있다. 대체로 조명은 환하고 밝기보다는 어중간하다.

2017년 서울의 한 초등학교는 중앙현관에 '자랑스러운 ○○인'이라는 제목으로 졸업생 가운데 유명 인사들의 초상과 약력을 게시한 적이 있었다. 이 가운데 12·12 군사반란 당시 전두환과 함께 참여한 장세동 씨의 사진 액자도 걸려있었다. 내란죄와 반란죄 확정판결을 받은 인물을 본받아야 할 자랑스러운 선배상으로 중앙현관에 게시한 것이다. 이것이 언론을 통해 논란이 되자 해당 학교는 이튿날 중앙현관의 게시물들을 모두 철거했다. 또 다른 학교에서는 교장실에 있던 역대 교장들의 사진 액자를 중

계몽적 구호로 장식한 중앙현관 입구의 입면.

표어를 제일 위에 걸고 그 아래에 학교 소개 자료와 각종 대회에서 받은 트로피를 진열해놓았다.

앙현관으로 옮기겠다는 교장과 이를 반대하는 교사들 사이에 갈등이 벌어지기도 했다.

일부 종교 사학들의 경우에는 불상이나 십자가, 성모상 등과 성물을 중앙현관에 제단을 만들 듯이 설치하고 성역화하여 꾸미기도 한다. 물론 학생들은 그다지 관심을 두지 않기 때문에 종교적 신성함은 빛을 발하기 어렵다. 외부인의 경우도 특정 종교의 제단 앞에서 경건함보다는 낯섦과 당혹스러움을 느낄 수밖에 없다. 그러거나 말거나 해당 학교들은 중앙현관을 종교적 성소로 적극 활용하기를 주저하거나 멈추지 않는다. 성과 속의 경계를 드러내고 싶어 하는 일부 종교 사학 관계자들에게 중앙현관은 매우 유용한 공간으로 거듭나는 것이다.

중앙현관을 학생들에게 개방하는 학교도 있다. 학생들의 통행을 제한하지 않으며 출입을 막지도 않는다. 문제는 그것 말고는 중앙현관을 통제하는 다른 학교들과 별반 차이가 없다는 것이다. 중앙현관에서 학생들이 떠들거나 장난을 치면 더욱 가혹하게 처벌하고, 좀 더 엄숙하고 경건하게 통행하기를 요구한다.

학생들을 위한 공간으로 중앙현관을 활용하는 경우도 있는데 간단한 운동을 할 수 있는 시설을 갖추거나 가벼운 전시 공간 등으로 활용하는 정도다. 대체로 초등학교에서 그나마 이런 정도의 변화라도 시도하고 있으며 중고등학교로 갈수록 중앙현관은 경직된 질서와 무거운 침묵을 버리지 못하고 있다. 내부인은 소외·홀대하고 외부인을 위한 접대·환대의 공간이라는 오명을 그대로 간직하면서 온전히 학생들을 위한 적극적인 공간으로도 아직 자리 잡지 못하고 있다. 중앙현관의 변화를 시도하는 초등학교에서도 학생들이 왁자지껄하게 판을 벌일 수 있는 공간이기보다는 정적인 활동을 하는 공간으로 계획하는 경우가 많아서 좀 더 공간을 개방하려는 노력이 뒤따라야 할 것 같다.

중앙현관이 학생들의 이용과 통행을 금지·배제하고, 학교 측의 목적 달성을 위한 성소로 기능하는 현실을 바꾸려는 노력과 시도 역시 더욱 확대할 필요가 있다. 학교 측의 이해나 입장에서가 아니라 학생들의 요구를 듣고 수용하여 놀이와 오락 등의 공간으로도 입체적으로 활용할 수 있어야 한다. 학교가 민주주의를 학습하고 성장하는 공간의 역할을 온전히 수행하기 위해서라도 중앙현관에 부여된 부적절한 권위와 위엄은 걷어내야 한다. 그 자리에 구성원들이 함께 누리는 광장으로서 '중앙'의 기능과 의미를 새롭게 구축하려는 시도들을 끊임없이 마련하고 이어가야 한다.

교장실, 개방과 공유를 넘어 축소와 해체로

자기만의 방

'자기만의 방'은 권력이다. 자기만의 공간이 있다는 것은 그만한 권력을 가지고 있다는 뜻이다. 회사나 직장에서 권력이 있거나 지위가 높지 않으면 혼자서 누릴 공간을 갖기는 사실상 불가능하다. 민주시민 교육의 터전인 학교도 마찬가지다.

초중고교에서 자기만의 방을 가지고 있는 유일한 사람은 '교장'이다. 일부 학교에는 교감 홀로 사용하는 또 하나의 독방 '교감실'[12]이라는 것도 있으니 이런 경우 교감 역시 자기만의 방을 소유한 '권력자'가 된다. 또 한편으로 교육청이나 관공서의 기관장 전용 주차구역이나 몇몇 사립학교에 있다는 '이사장실'이나

---

12. 교감실과 관련해 경기도교육청은 "교감 단독 근무실을 해체하고 교무 업무 전담팀에 합류"하거나 "교육지원실, 컨설팅실 등으로 실명만 변경하고 실제로는 교감 단독 근무하는 학교"는 교감실을 해체하라는 공문을 2016년 내린 바 있다. 그러나 여전히 교감실은 유지되고 있으며, 명칭을 '교육지원실'로 해놓고 실상은 교감실로 사용하는 사례도 있다. 혼자만의 권력 공간을 갖고 싶은 욕망을 지닌 교감들의 저항이 만만치 않은 것이다.

행정실을 부속실처럼 거느리고 있는 교장실.

이사장·교장·교감의 자리가 따로 배정된 학교 주차장 공간 등도 같은 맥락이다.[13] 모두 권력의 존재와 크기를 나타내는 공간이다.

학교에서 교장이 소유한 자기만의 방은 그가 지닌 권력을 의미한다. 다른 어떤 이름도 아닌 '교장실'로 명명한 혼자만의 공간을 소유할 힘과 권력을 쥐고 있다는 뜻이다. 교사들의 공용 공간이 교사실이 아니라 '교무실'인데 반해 '교장실'은 그 이름만으로도 교장 단독·한정이라는 의미를 공공연히 드러낸다.

학교에서 공간 명칭에 단독 직위를 나타내는 용어를 써서 이름 붙이는 곳은 교장실이 유일하다. 이로써 교장실은 단독·개인의 공간이라는 점도 더욱 분명해진다. 규모가 큰 학교에는 교감이 두 명인 경우가 있고, 교사는 수십 명에서 100여 명을 넘기도 하지만 교장은 학교에 한 명밖에 없는 유일한 존재다. 교장실은 바로 그 유일 권력의 상징적 공간이다. "공간이라는 것은 또한 거리, 움직임, 근접성 그리고 다른 공간과의 차별성 등의 물리적인 측면 외에도 사회적인 지위를 나타내주는 사회·문화적인 장소"[14]라는 연구가 들어맞는 셈이다. 교장실이라는 명칭을 개인

---

13. 인텔의 앤드류 그로브 전 회장은 사내 평등 문화를 정착시키기 위해 모든 임직원에게 같은 면적의 업무 공간을 제공하고 주차장에서도 임원용과 직원용 공간의 구분을 없앴다. 이 때문에 앤드류 그로브 자신도 자리를 찾기 위해 주차장을 몇 바퀴씩 돌아야 했다는 일화는 우리에게 낯선 충격일 수밖에 없다. 또한 마크 저커버그 페이스북 CEO는 사장실을 따로 마련하지 않고 직원들 옆에 앉아 근무한다는 사실 역시 마찬가지다(퍼시스, 《사무환경이 문화를 만든다》, 35쪽, 2017년, 퍼시스북스).
14. 박은혜 외, 「레지오 에밀리아 접근법에서 시간과 공간의 의미」, 『교육학연구』 112호, 319쪽, 2002년, 한국교육학회.

의 직위가 아닌 다른 것으로 바꾸거나 교체하기만 해도, 교장 1인의 단독 공간으로서의 의미와 권력은 어느 정도 축소·해체될 수 있다.

"가장 높은 자리에 있는 사람들은 조직에서 가장 큰 공간을 차지하며 외부와 단절된 형태를 띤다"[15]고 하는데 행정실을 거쳐 드나들거나 행정실과 벽을 맞대고 있는 우리나라 대부분의 학교 교장실의 구조가 이를 증명한다. 독립된 출입구가 따로 있는데도 불구하고 행정실을 일종의 부속실 혹은 비서실처럼 설정해두고 교장의 권력과 교장실의 공간 권력을 동시에 확보·강화하는 도구로 삼는다.

이를 증명하는 실험이 하나 있다. 일정한 크기의 공간에 쥐를 계속 추가하면서 살펴본 실험이다. 처음에는 여러 마리의 쥐가 흩어져서 지낸다. 그러다가 개체 수가 일정 수준을 넘어서면 공간이 좁아지고 힘센 쥐가 넓은 공간을 차지하기 시작한다.[16] 학교에서 가장 크고 화려한 독거 공간인 교장실은 학생이나 교사 등 다른 구성원들의 공간에 대한 다양한 욕구와는 상관없이 교장의 독점적 권력과 권력의 질서를 확보해주는 당연한 상징이자 장치로서 기능하고 있다.

---

15. 천의영·이동우,《그리드를 파괴하라》, 201~202쪽, 2016년, 세종서적.
16. 천의영·이동우,《그리드를 파괴하라》, 201~202쪽, 2016년, 세종서적.

제왕적 권력 공간을 차지하고 싶은 욕망

지하철 한쪽 구석에 마련한 노약자석은 배제 혹은 격리의 자리다. 얼핏 보기에는 존중과 배려의 장치인 듯하지만 실상은 그렇지가 않다. 중앙(센터)이 아닌 변방(코너)으로 내몰린, 사회 중심 세력으로서 권력을 상실한 노인 세대의 현실을 잘 드러내는 장치다.

이를 학교에서 교장실의 위치와 관련지어 생각해보면 핵심(중앙, 센터)을 차지하면서 행정실을 비서실처럼 거느리고 행정실을 통해 출입이 가능한 교장실은 제왕의 공간이라고 할 수 있다. 이는 모든 권력이 학교장에게 집중된 학교의 상황을 적확히 드러낸다.

학교에서 민주적인 장치와 제도가 제대로 작동하지 않는 이유도 분산과 견제 장치 없이 교장에게 권력이 집중된 탓이다. 교장이 직업 만족도 조사에서 1위를 차지하는 이유 중 하나도 독점적 공간과 권력을 누릴 수 있기 때문이다. 교장이 되려고 그토록 목을 매며 궂은일 마른일 마다하지 않는 부류의 교사들도 바로 이런 학교 권력의 센터, 제왕의 공간을 차지하고 싶은 욕망으로 가득 찬 사람들이기 십상이다.

우리가 흔히 아는 교장실 안팎의 풍경은 초중고교를 가리지 않고 대체로 다음과 비슷하다. 우선 재난 발생 시 누구보다 가장 먼저 바깥으로 대피할 수 있는 학교 건물 1층의 중앙에 자리 잡고 있다. 행정실을 거쳐야 들어갈 수 있다. 교장실 내부는 교실 한 칸과 맞먹는 넓이에 최소 수십만 원에서 최대 수백만 원에 이

교장실 한 쪽에 있는 검은색 소파와 테이블. 전형적인 교장실의 모습이다.

르는 으리으리한 크기의 교장 전용 책상과 묵직한 가죽 의자를 놓았다. 책상 위에는 고급 자개나 크리스털 혹은 원목으로 만든 아주 화려하고 묵직한 명패를 권위의 상징처럼 올려놓았다. 대개 한글보다는 한자로 직책과 이름을 새긴 경우가 많다. 그 옆으로 10여 명 이상이 충분히 둘러앉아 회의하거나 이야기를 나눌 수 있는 고급 가죽 소파와 테이블이 한쪽에 있고[17], 근처에는 일 년에 한 번 쓸까 말까 한 학교 깃발(교기)을 세워놓은 깃대가 있다.

한쪽 벽에는 전직 교장들의 낡은 사진 액자를 영정처럼 주르륵 걸어놓았고, 그 아래에 학교 교육 목표와 학교 현황 등을 적은 커다란 게시판을 설치했다. 물 주기며 관리를 제대로 하지 않아 잎이 누렇게 마른 난을 비롯한 화분[18]들이 운동장을 바라보며 볕 잘 드는 창가를 애처롭게 지킨다. 러닝머신 같은 운동기구를 비롯해 TV와 냉장고며 커피머신, 캐비닛 등속과 같은 전자제품과 잡다한 집기 등으로 교장실은 치장되어있다. 한쪽 구석에

---

17. 교장실에 여럿이 모여 회의할 수 있도록 공간 구성을 한 숨은 의도는 교장의 민주적 리더십의 확장이라기보다는 학교 내 최고 권력자의 개인 공간인 교장의 홈그라운드로 집합하라는 일종의 신호이자 명령이다. 민주적 소통과 의사 결정을 위한 토론이 아니라 대개 일방적 지시나 전달사항이 '회의'라는 이름으로 이루어지는 학교 문화의 현실도 여기에서 비롯한다. 민주적 의사 결정이나 토의·토론을 위한 회의라면 교장도 교장실을 나와 별도의 독립된 회의 공간으로 이동해야 한다. 최근 일부 학교에서 교장실에 딸린 회의실 기능을 분리하는 시도들이 진행되는 것도 그러한 교장 권력 공간의 해체와 학교 민주주의 의식의 성장을 의미한다고 볼 수 있다. 기업에서 "소파 대신 회의 테이블을 배치한 임원실은 2000년대 초반에는 약 54%였으나 급격한 상승세를 보여 현재는 전체의 약 70%를 차지하고 있다"(퍼시스, 《사무환경이 문화를 만든다》, 51쪽, 2017년, 퍼시스북스)는 자료도 있는데, 학교에서 교장실은 여전히 소파 중심이며 교장실을 공용의 회의 공간 등으로 내놓는 일도 흔하지 않은 게 현실이다.

골프 연습을 할 수 있도록 마련해둔 교장실도 있다. 그 안에 오직 한 사람, 교장이 산다.

폐쇄적 권위 드러내는 불통의 공간

교장실은 행정 업무나 대외 업무 등 교장의 공적인 업무 수행 공간의 역할을 일부 하면서도 과장된 권위와 어긋난 허세를 과시하는 개인 공간으로 기능하는 것이 일반적이다. 일부 교장들은

---

18. 교장실에서 흥미로운 것 중 하나가 난 화분이다. 우리나라 거의 모든 교장실에는 난 화분이 있다. 난은 이른바 '사군자(四君子)'의 하나로 선비의 지조, 절개, 품격 같은 것을 상징한다. 교장실에 난 화분을 둠으로써 자신을 선비의 지조, 절개, 품격을 지닌 난과 같은 존재로 드러내려는 무의식적 욕망을 나타낸다고 볼 수 있다. 그러나 대체로 교장실의 난 화분들은 시들어있거나 잎이 몇 가닥 안 남은 모습이 많다. 또 하나 흥미로운 것은 교장(교감)의 복장이다. 남녀를 불문하고 교장이 되면 양복 정장 스타일의 옷을 입는다. 교사일 때는 그보다 자연스럽고 평범한 옷차림이었는데 교장이 되면서부터는 바뀐다. 그래야 한다는 법이나 규정은 없다. 정장을 하고 참석하거나 진행해야 할 공식적이며 중요한 일들이 날마다 있는 것도 아니다. 정장을 입고 학교를 돌아다니거나 교장실을 지키는 게 하루의 대부분이다.

옷차림만으로도 누가 교장인지 단번에 알 수 있는 곳이 우리의 학교공간이다. 북유럽 학교들의 교장들은 헐렁한 반소매 티셔츠를 입고 출근하며 평범한 일상복으로 스스로 구성원들과 동화되려 노력하고 자신의 권위를 내려놓는다. 모두가 평범한 일상복 차림으로 생활하기 때문에 옷차림이나 공간의 사용만으로는 교장·교사·직원의 구분이 쉽지 않다. 반면 우리나라 교장들의 옷차림 의식은 '의관정제(衣冠整齊)'라는 유교적, 전근대적 사고가 반영된 것으로 보인다. 격식을 갖추어 두루마기나 도포를 입고 갓을 쓰고 옷매무시를 바르게 하는 것이 선비의 기본이라고 생각했던 습성이 남아있는 것이다. 이런 옷차림 의식을 통해 일반 교직원·학생들과는 자신이 다른 존재임을 스스로 구분 짓고 권위를 만들려고 한다. 그러한 구분 짓기를 거부하는 소수의 교장은 교직원처럼 자유롭게 복장을 갖추기도 하지만 대부분의 교장은 정장 착용을 쉽게 포기하지 않는다. 이러한 강박은 학생들이나 교직원들의 복장을 제한하고 억압하는 폭력적 권력으로 작동하기도 한다.

교장실 한쪽 벽에 전교생의 사진, 이름과 학번을 써서 붙여놓고 학생들의 이름과 얼굴을 익힌다는 뉴스가 가끔 등장한다. 당장 교장실 문만 열고 나가면 눈앞에서 살아 움직이며 생활하는 전교생을 만나 이름을 묻고 어깨를 다독일 수 있는데, 교장실이라는 밀실에 문 닫고 앉아서 박제화된 사진과 이름을 보며 외운다는 건 쇼맨십이 뛰어난 슬픈 코미디다. 교장실은 이처럼 교장이 자신의 행위를 미화·옹호하고 정당화하는 공간으로 이용되기도 한다. "사무실은 지위에 따른 고립된 공간이 아니라 에너지와 상호작용을 극대화하도록 설계되어야 한다"[19]는 철학이나 "과거에는 리더들의 권위와 위엄을 강조하였지만, 이제는 조직 전체의 소통과 실용성을 높이는 전략으로 리더들의 공간을 활용하고 있다"[20]는 세계적인 변화와 혁신의 흐름 같은 건 들어설 자리가 없다.

교장실이라는 닫힌 공간에서 맞이하는 교직원, 학생, 학부모 등과의 물리적 단절을 최소화하려면 교장이 교장실 밖으로 나와야 한다. 폐쇄적 권위를 내세우는 교장실은 교직원이나 학생, 학부모가 마음대로 드나들 수 없는 공간, 마음대로 드나들어서는 안 되는 공간으로 깊이 각인되어있다. 이러한 이유로 교사나 학생, 학부모들은 교장실에 드나드는 것을 불편해한다.

교장실의 이미지에 관해 초중고 교사들은 한 연구 조사에서 다음과 같이 응답했다. "초등학교의 경우는 따분하고 한적하며, 바쁘고 들어가기 어려울 뿐만 아니라, 사적이며 권위적인 넓은

---

19. 에릭 슈미트 외,《구글은 어떻게 일하는가》, 62쪽, 2014년, 김영사.
20. 퍼시스,《사무환경이 문화를 만든다》, 56쪽, 2017년, 퍼시스북스.

교장실의 창문은 교실과 달리 불투명하다. 교실이 보이는 공간이라면 교장실
은 보는 공간이기 때문이다.

공간이었다. 중학교의 경우는 불편하고 조심스러운 권위적인 공간으로, 고등학교 교장실은 조용하고 엄숙하며 멀고 어렵게 느껴지는 권위적인 공간인 것으로 나타났다".[21]

교장실에 대한 말을 좀 더 구체적으로 살펴보면 "어려워서 드나들기 부담스러운 곳", "폐쇄적이고 권위적", "접근하기 어려운 공간", "권위와 감시와 통제, 지시 위주의 일방적 의사소통 구조", "딱딱하고 답답함이 느껴지는 곳", "가기 싫은 곳"이라고 초중고 교사들은 대답했다. 교장실이라는 공간이 학교 안에서 교사들에게 얼마나 권위적이며 폐쇄적인 불통의 공간으로 자리하는지를 방증하기에 충분하다. 이런 까닭에 "학교 급에 관계없이 교장실에서는 수업에 관계된 활동이 거의 이루어지고 있지 않다는 점"[22]도 눈여겨볼 만하다.

또 다른 연구 보고서[23]도 비슷한 결과를 말한다. 이 보고서에 따르면 학교공간의 크기에 대한 만족도 조사에서 초중고 모두 교사 집단에서 교장실에 대한 만족도가 가장 낮았다. 지역 규모별로 살펴본 결과도 대도시, 중소도시, 농어촌 모두 교장실에 대한 만족도가 가장 낮았고, 학교 규모(18학급, 24학급, 30학급, 36학급)별로 조사한 결과도 교장실에 대한 만족도가 가장 낮은 특징을 나타냈다. 이를 종합해보면 교장실은 교장을 제외한 누구에

---

21. 오영재, 《한국 학교조직 질적 연구》, 36~37쪽, 2006년, 학지사.
22. 오영재, 《한국 학교조직 질적 연구》, 37쪽, 2006년, 학지사.
23. 조진일 외, 『학교 시설 기준 개정에 관한 연구』, 102~115쪽, 2011년, 한국교육개발원.

게나 어디에서나 만족스럽지 않은, 쓸데없이 크기만 한 공간으로 확인되었다고 할 수 있겠다.

권위주의적 관리영역의 축소와 공유 그리고 해체

학교 건물을 건축할 때 초중등 학교에서 교장의 단독 공간인 교장실을 반드시 설치해야 한다는 규정이나 법률 같은 건 없다. 그럼에도 불구하고 오래전부터 "교장실은 교실과 운동장에 대한 통제와 학교 내 각 공간에 대한 전망을 확보하기 위해 건물 중앙에 배치"[24]되었다. 본관 1층 중앙에 행정실을 옆에 두고 아주 넓게 교장이라는 권력이 학교의 중심임을 암시하는 상징적 배치가 구체화된 것이다. 학교의 중심, 학교의 권력은 학생도 교사도 아닌 교장이며 그가 학교 내 모든 것을 감시·통제·관장하는 주체라는 강력한 상징이다.

그런 교장실이 학교에서 사라진다면? 교장실 없는 학교건축은 꿈꿀 수 없고 불가능한 것일까. 학교 안에서 누구도 가질 수 없는 절대 공간을 혼자 차지하는 권력자로서 교장의 모습을 벗고 공간의 공유와 개방으로 민주적 리더로서 다른 구성원들과 어우러지는 교장의 모습을 기대하기는 아직도 우리의 현실에서는 어려운 것일까. 호주의 한 학교 이야기다.

---

24. 오영재, 《한국 학교조직 질적 연구》, 22~24쪽, 2006년, 학지사.

"호주의 NBCS Northern Beaches Christian School는 초등학교와 중학교 과정이 공존하는 학교다. 이 학교는 공간의 80%를 교실이 아닌 공간으로 활용한다. 학교 교직원과 학생들이 공간을 공유하고 교장은 교장실을 10명의 다른 교직원들과 공유한다".[25]

학교공간의 80%를 교실이 아닌 공간으로 활용한다는 사실도 놀랍거니와 서로 배척하는 것이 아니라 공간을 공유하고 함께 나눈다는 사실 또한 경외감이 든다. 교직원들과 함께 공유하는 교장실은 사실상 교장실이 아닌 것이고 권력자로서의 교장과 개인 공간인 교장실 모두가 사라진 셈이다.

교장의 독단과 일방통행이 아닌 구성원들과의 민주적 소통과 협력 그리고 경청을 전제로 해야 학교 민주주의와 학교 자치가 제대로 정착할 수 있다. 교장에게 집중된 법률적 권한도 조정해야겠지만 교장실 공간의 공유 혹은 해체는 그런 점에서 많은 생각을 하게 만든다. 우리도 이런 일이 가능할까.

"근대 건물에는 공간 내 위계도 존재한다. 직급에 따라 사용하는 공간의 넓이가 다르다. 또한 직급과 위상에 따라 허용되는 공간과 허용되지 않는 공간이 존재한다"[26]는 지적처럼 교장실은 학교 안에서 최고 직급이 누리는 가장 넓은 공간이며, 교장에게 허용되지 않는 학교공간은 없다.

같은 크기의 공간에 교장실은 1명, 교무실은 10여 명 안팎에

---

25. 김수향, 「교육을 바꾸는 공간의 혁신」, 『웹진 와』 104호, 2016년 3월 9일, 수원시평생학습관.
26. 박승규, 《일상의 지리학》, 128쪽, 2009년, 책세상.

서 수십 명, 교실은 20~30명이 모여 생활한다. 비슷하거나 같은 크기의 학교공간 가운데 인구밀도가 가장 낮은 곳이 교장실이고, 가장 높은 곳은 교실이다. 이런 교실을 일컬어 콩나물 교실이라고 부르던 것도 그리 오래지 않은 과거의 일이다. 천국(교장실)과 지옥(교실)이 벽 하나를 사이에 둔 채 마주하는 경우도 드물지 않다.

한·일 중학교의 공간 구성을 비교 연구한 자료[27]를 분석해보면 일본 중학교 교장실의 평균 크기가 $37.28m^2$(약 11.27평)인 데 비해 한국의 중학교 교장실은 $65.54m^2$(약 19.83평)에 이르는 것으로 나타났다. 한국의 교장실이 일본의 교장실보다 약 두 배 가까이 큰 셈이다. 또 일본은 $27.28m^2$~$49.86m^2$로 교장실의 크기가 비교적 다양하지만, 한국은 $67.5m^2$[28]가 일반적인 규모였다. 교실 한 칸 크기인 약 20평 규모의 공간에 교장 혼자 있는 곳이 바로 한국의 교장실이다.

교장실과 같은 크기의 $67.5m^2$ 교실에서 학생 한 명이 차지할 수

---

27. 박성철 외, 『한·일 중학교의 공간 구성 비교 연구』, 252~286쪽, 2013년, 한국교육개발원.
28. 우리나라 교장실의 규모가 $67.5m^2$로 대체로 일치하는 이유는 '학교 시설 표준 설계도'의 기준을 따라 교실을 지었기 때문이다. 1962년 정부가 '학교 시설 표준 설계도'를 제정하면서 교실 한 칸의 크기를 $67.5m^2$, 4칸×5칸($7.5m$×$9.0m$)으로 정했다. 이는 일본의 전통적인 교실 표준 설계도 형태를 그대로 답습한 것이다. '학교 시설 표준 설계도'의 의무 사용은 1990년 폐지됐지만 지금까지 여전히 숨은 능력을 발휘하고 있다.
  2017년 경기도교육청 기준 최근 5년 이내에 지은 일부 초중학교 교장실 면적을 확인해보면 $30.0m^2$~$31.50m^2$(약 9평)라는 자료도 있다. 이전의 교장실 공간보다 많이 축소되었으나 극히 일부 제한된 학교에 해당하고 1인 공간임을 생각하면 여전히 교장실은 너무 넓고 크다.

있는 교실 면적은 약 $2.25m^2$(학급당 30명 기준)이다. 이는 교도소 독거실 1인 주거 면적($5.4m^2$)의 2.4분의 1에 불과하고, 혼거실 1인 주거 면적($3.4m^2$)의 1.5분의 1에 해당한다. 우리나라 군대의 훈련병 1인 주거 면적($4.91m^2$)의 2.1분의 1 수준이다. 교장실과 같은 크기의 교실 공간에서 학생 한 명이 누릴 수 있는 면적은 교도소나 군대보다 좁다는 이야기다. 반면 교장실은 교도소 독거실 1인 주거 면적의 12.5배, 혼거실 1인 주거 면적의 19.8배나 된다. 훈련병 1인 주거 면적보다는 13.7배나 크다. 학생 1인당 교실 주거 면적보다는 무려 30배나 크고 넓다. "될 수 있으면 많은 공간을 확보하려는 심리는 권력의지의 반영"[29]이라고는 하지만 교장실은 너무 심하다.

반면, 유럽의 경우는 일본이나 우리와 상황이 매우 다르다. 교장실이 없지는 않으나 겨우 2~3평 남짓하다. 교장의 역할도 우리와는 아주 다르다. "핀란드의 야르벤파 고등학교 교장실은 (건물의 중앙이 아니라) 한구석에 위치해 있었고, 그저 한 사람이 활동할 수 있는 정도의 조그만 공간만을 가지고 있었다."[30]라는 송순재 교수의 기록이 있고, 내가 방문했던 헬싱키 시내에 있는 타흐티엔 종합학교 교장실 역시 서너 명이 겨우 앉을 수 있는 작은 테이블과 책꽂이, 컴퓨터 책상 하나가 전부였다. 그것들이 다닥다닥 붙어있어서 드나들기가 좀 불편할 지경이었다. 우리의 고대

---

29. 몸문화연구소 편, 《공간의 몸 몸의 공간》, 12쪽, 2017년, 쿠북.
30. 송순재, 〈학교공간 조성의 교육학적 조건과 문제〉, 《역사 속의 교육공간, 그 철학적 조망》, 461쪽, 2011년, 학지사.

광실 으리으리한 교장실과는 감히 비교할 수가 없었다.

독일의 "딜타이 김나지움의 교장실은 완전히 달랐다. 교장 명패도, 커다란 집무용 책상도, 응접 소파도 없었으며 의자도 평범한 제품이었다. 넓이는 4~5평에 불과했다"[31]는 현장 답사 기록도 있다. 독일은 교장실 규모를 작게 하는 대신 학생들의 편의 시설을 넉넉하게 확보한다고 한다. 2017년 인도네시아의 라주아르디 중학교에 파견 근무를 다녀온 동료 교사도 "교장실이 콧구멍만 해요."라는 말로 그곳 학교의 교장실 규모를 해학적으로 묘사한 적이 있다.

"학생들의 자율과 교내 민주주의 향상을 위해서는 권위주의적인 관리 영역의 축소는 필요하다"[32]는 연구가 일찍이 있었다. 학교에서 가장 권위적이고 폐쇄적인 관리 영역에 속하는 교장실 공간의 개방과 공유 나아가 축소나 해체 등은 미룰 수 없는 일이다. 이는 교장 개인의 공간이 아닌 학교공간의 문제일 뿐만 아니라 학교 민주주의의 측면에서도 시급하고 진지하게 고민하고 실행할 일이다.

---

31. 이정윤, 「"소박하고 실용적인 독일 교장실, 응접 소파도 없고 명패도 없었다"」, 『독서신문』, 2017년 5월 2일 자.
32. (사)한국교육·녹색환경연구원, 『새로운 교육공간 재구조화 방안 연구』, 92쪽, 2017년.

교무실, 큐비클cubicle[33]로 된 교사 PC방

학생출입제한구역

몇 해 전 겨울, 취재하러 핀란드 헬싱키 시내에 있는 한 종합학교를 찾아간 적이 있다. 운동장에는 눈이 산처럼 쌓여있었다. 얼굴이 새빨개졌는데도 아랑곳하지 않고 눈더미에 굴을 파고 드나들며 한 무리의 학생들이 신나게 운동장에서 놀고 있었다. 그들의 환한 미소를 받으며 들어선 곳이 교무실이었다.

운동장 쪽으로도 출입문이 나 있어 곧장 바깥으로 나갈 수 있게 해놓은 교무실은 우리나라 초중등학교의 그것과는 공간의 분위기며 상황이 매우 달랐다. 시간표를 적어놓은 자그마한 화이트보드를 벽 한쪽에 걸어놓은 것 말고는 그곳을 교무실로 알아차리기 어려울 정도였다. 세련되지는 않았지만 푸근한 동네 카페 같은 느낌이었다. 바깥은 영하 20℃를 넘나드는 날씨였지만 실내

---

33. 한 사람씩 들어갈 수 있도록 칸막이가 된 작은 사무 공간.

카페나 휴게실처럼 아늑하게 꾸며놓은 핀란드 타흐티엔 종합학교의 교무실.

는 퍽 따뜻해서 외투를 벗어야 했다. 평일이었고 점심시간이 되려면 아직 두어 시간은 더 있어야 할 무렵이었다.

따뜻한 교무실 한쪽에 설치한 싱크대 근처에서는 커피메이커가 커피를 내리고 있었다. 그 시간에 수업이 없는 교사들은 자기 컵인 듯한 머그잔에 제각각 커피를 담았다. 그리고 교무실 중앙에 동그랗게 마련한 북유럽풍 원목 테이블과 의자에 등을 기대고 앉아 웃으며 서로 가벼운 이야기를 주고받았다. 그 평화롭고 여유 만만했던 교사들의 모습은 시간이 흐른 지금까지도 깊이 기억에 남아있다. 우리처럼 자신의 책상에 앉아 무언가를 뒤적이거나, 학생을 불러다 호통을 치거나, 교장·교감에게 불려가거나, 공문 처리를 하느라 컴퓨터 마우스를 클릭하는 교사는 아무도 없었다. 정말 꿈같은 광경이었다.

반면 우리의 교무실 풍경을 들여다보면 아뜩하다. 학생이나 학부모에게 "교무실은 은밀하고 신비스러운 공간이다".[34] 지금의 학부모들이 학생이었던 시절에는 더욱 그러했다. 교사들만의 어떤 일이나 활동이 이루어지는 공간, 잘못을 저지른 학생들이 불려와서 교사에게 꾸중을 듣거나 벌쓰기도 하는 공간, 교무실을 자주 드나드는 학생일수록 무언가 문제가 많은 것으로 여겼고 학생이나 학부모가 마음 편하게 드나들기에는 어색하고 살짝 불안하기도 한 공간이 교무실이다.

"야단칠 일도 없고/ 혼낼 일도 아닌데/ 아이들은 교무실로 호

---

34. 오영재,《한국 학교조직 질적 연구》, 25쪽, 2006년, 학지사.

82 학교의 품격

출만 받으면/ 당장 초조해하며 내가 뭘 잘못했나부터/ 생각한다"[35]는 교무실. '긴장된다', '짜증 난다'는 이유를 들어 학생들이 불쾌감을 호소하며 싫어하는 공간으로 지목한 교무실.[36] 예전보다 교무실을 두려워하거나 어려워하는 정도는 다소 줄었으나 여전히 교무실은 학생들에게 두렵고 불편한 금단 구역 같은 곳이다.

교무실은 드나드는 출입구부터 살벌하다. "교무실은 선생님들께서 연구 및 상담을 하는 곳"이므로 "교무실 앞 공간에서 욕설을 하거나 소란을 피우지" 말라며 '정숙'을 요구하는 학교도 있고, "교복과 명찰을 바르게 착용하고 실내화를 신고 공손히 인사를 하며 들어오라"는 '교무실 출입 시 주의사항'을 붙여놓은 학교도 있다. 그게 다가 아니다.

교무실에 들어와서는 단정한 복장인지를 점검한 후 문 앞에서 학교에서 정한 구호를 붙여 거수경례를 하고 "○학년 ○○○(이름) 용무 있어 왔습니다."라고 말하고, 나갈 때는 "용무 마치고 돌아가겠습니다."라고 마무리해야 하는 학교도 많다. 마치 군대에서 관등성명을 대고 행정반을 출입해야 하는 것과 같다. 학교는 군대라는 통속적 믿음이 신앙처럼 굳어진다. "걸음은 천천히, 목소리는 조용히" 하는 것도 잊으면 안 된다.

"야단칠 일도 없고/ 혼낼 일도 아닌데/ 아이들은 교무실로 호

---

35. 채지원, 〈교무실〉, 《대단한 놈들이다》, 20쪽, 2016년, 창비교육.
36. 박종향·신나민, 「중·고등학생의 호·불호 학교공간 인식에 관한 연구」, 『한국교육시설학회논문집』 통권 제104호, 54쪽, 2015년.

출입 주의사항을 붙인 교무실 출입문.

출만 받으면 / 당장 초조해"할 수밖에 없는 상황인 것이다. 이런 경고와 요구를 어기고 교무실 앞에서 떠들다가 걸리면 벌점을 받거나 벌쓰거나 교내봉사 같은 징계까지도 각오해야 한다. 복장이 불량하거나 출입요령을 실수라도 하면 곧장 뒤따르는 지적과 비난을 감수해야 하는 것은 물론이다. 이쯤 되면 차라리 교무실 앞에 지뢰를 묻고 해자垓字[37]를 파서 학생들의 출입을 철저히 제한하고 방어해야 하지 않을까 싶은 생각마저 든다.

교사를 위한 공간은 없다

왜 대다수 학교는 이토록 학생들의 교무실 출입에 강퍅한 모습을 보이는 것일까. 아마도 그것은 교무실을 학생들과의 적극적인 소통과 어울림의 공간이 아닌 교사들만의 제한적인 업무와 휴식의 공간으로 이해하는 탓으로 보인다.

학교에는 교사들이 온전히 마음을 내려놓고 편히 쉴만한 공간이 없다. 학생이나 학부모와 조용히 상담할 수 있는 공간, 차분히 교재를 들여다보며 수업 준비할 공간이 따로 없다. 기한 내에 서둘러 처리해야 할 공문을 작성할 곳도 따로 없으며, 동료 교사들과 차 한잔 나누며 교육이나 학생들에 관한 이야기, 소소한 일상을 나눌 곳도 마땅히 없다. 오직 교무실이 그 모든 것을 해결

---

37. 적의 침입을 막기 위해 성 주위를 둘러서 판 못.

해야 하는 공간이다.

교사휴게실 같은 공간을 마련한 학교도 있지만 형식적인 공간일 뿐 제대로 된 휴게 공간으로 꾸며서 교사들이 안락하게 휴식할 수 있도록 만든 학교는 아주 드물다. 가장 중요한 문제는 교사들이 그런 호사를 누릴 시간적 여유가 많지 않다는 것이다. 그러다 보니 교무실에서만이라도 온전히 자신들의 영역을 확보하고 싶은 심리가 작동한다. 아주 오래전부터 유지돼온 교무실 공간의 부적절한 권위와 폐쇄성 역시 변함없이 견고하게 유지되고 있다는 점도 크게 눈여겨볼 사항이다.

교무실은 '교사들'의 공간이기는 하지만 '교사'의 공간은 아니다. 교사 집단의 공동 공간이지만 개인의 공간은 아니다. 교무실은 교사들 공동의 공간이면서, 교사 개인의 공간이기도 하다. 교사들의 '따로 또 같이'의 삶이 한데 섞여있기 때문이다.

대학의 정규직 교수들은 저마다 자기만의 방인 '연구실'을 가지고 있다. 연구실 문 앞에는 교수 개인의 이름을 붙인다. 온전히 자신의 개인 공간임을 각인하는 표식이다. 연구실이라는 개인의 공간을 갖는다는 건 교수로서 한자리 차지했음을 의미한다. 권력을 획득한 것이다.

교사실은 없는데 교수실이 있다는 것, 즉 교사에게는 없는 개인의 단독 공간이 교수에게 있다는 것은 그만큼 교사가 교수보다 공간적·권력적 위상이 낮음을 의미한다. 폴리페서polifessor라는 말이 가능할 정도로 교수에게 보장된 정치적 자유가 교사에게는 모두 불법이 되는 기현상과도 통한다. 님이라는 글자에 점

하나를 찍으면 남이 될 뿐이지만 교사라는 글자에서 모음 하나를 비틀어 교수로 바꾸면 공간과 권력에는 혁명적 변화가 일어난다. 그러므로 작게는 10여 명에서 많게는 50여 명 이상이 책상을 늘어놓고 앉아있는 교무실은 탄핵당한 대통령이나 재벌 회장들이 기거한다는 화려한 온갖 시설과 집기를 갖춘 독방이 아니라 잡범들이 집단 수용된 혼거실인 셈이다. 교장실과 교수 연구실은 독방, 교무실은 혼거실이다. 독방에서 혼거실을 감시하고 혼거실에서는 교실을 감시하는 구조, 교장이 교사를 교사가 학생을 감시하는 구조를 지닌 곳이 바로 학교다.

일반적인 사무 공간은 그 공간을 사용하는 구성원들이 공간의 중심이 된다. 외부인의 출입은 제한적이거나 소수에 해당한다. 앞에서 말한 것처럼 교무실은 교사들의 업무 공간이자 개인 공간인 동시에 학생과 학부모들의 민원 해결 공간이자 공적·사적 다양한 접촉이 이루어지는 곳이다. 심지어는 별의별 영업사원들의 적극적인 영업 활동이 이루어지는 아주 형언하기 어려운 복합적 공간이기도 하다. 그러므로 공간 구성원들만의 안락하고 안정적인 업무나 활동을 보장받기 어렵다. 일반적인 사무 공간에서는 상상할 수도 없으며 비교하기에도 차이가 크다. 사무실로서의 공간적 조건도 일반 회사보다 낫다고 하기는 어렵다. 교무실의 공간적 조건은 다음 세대의 성장과 교육 활동을 책임지는 교사들의 심신을 안정시키고 전문성을 확보하는 공간으로서 아주 불리하고 불량하다. 교실이 학생들에게 그러하듯 교사들을 한 곳에 수용·관리한다는 이상의 의미를 찾기 어렵다.

책상, 삶과 교육에 대한 무의식적의 반영

교무실 전체 공간이 교사들 공동의 것이라면 저마다 한 자리씩 차지하고 있는 책상은 교무실에서 유일하게 교사 개인이 누리는 단독 공간이라고 할 수 있다. 학교에서 교사가 유일하게 누리는 자기만의 공간은 교무실 책상이다.

교무실 책상은 교사의 성향이나 정서, 내면의 한 모습을 보여주는 표지 노릇을 하기도 한다. 교사들이 자신의 교무실 책상을 어떤 공간으로 만들어놓고 있는지를 살펴본다면 아주 재미있을 것 같다. 삶과 교육에 대한 무의식적 태도나 숨은 의도가 드러날 수 있기 때문이다. 아주 어지럽게 마치 대 혼돈의 우주처럼 교과서나 필기도구 등이 흩어져 있는 책상도 있고, 잎새에 이는 바람에도 괴로워할 만큼의 결벽증이라도 지닌 듯 아주 정갈하고 흐트러짐 없는 책상도 있다. 하지만 그 이상의 소품이나 꾸밈은 거의 찾아보기 어렵다.

이와 관련한 흥미로운 연구가 있다. 2000년대 초반 사회심리학자 샘 고슬링의 연구에 따르면, "사무실 환경의 경우, '성실성' 항목에서 높은 점수를 받은 피험자들은 공간을 헝클어짐 없이 말끔하게 잘 정리해놓았으나 공간을 유용하게 활용하는 데는 별 관심이 없어 보였고, '개방성' 점수가 높은 사람들은 사무실을 독특하고 자유분방하게 꾸미는 경향이 있다. 또 내향적인 사람과는 달리 외향적인 사람들은 상호작용을 촉진시킬 수 있도록 사무실을 구성했다는 인상을 주었는데, 그들의 사무실은 상대적으로 더 따뜻한 분위기에 장식이 많이 더해져 매력적으로 느껴졌다"[38]고 한다.

대체로 모범생 출신의 성실한 교사가 많은 우리의 교무실 책상은 안타깝고 우울하게도 대부분 공통된 한 가지의 획일적이고 일방적이며 권위적인 의도만을 보여주는 경우가 많다. 지나칠 만큼 무미건조하다. 호기심을 불러오고 창의력을 솟구치게 하는 교무실 책상은 아예 없거나 매우 드물다. 그가 담임이 되어 지배하는 교실도 마찬가지다. 학생들에게만 그런 것들을 요구할 일이 아니다.

책상 위에 존재하는 많은 것은 알게 모르게 사람의 사고와 행동을 지배하고 결정한다. 개인적 취향을 숨긴 무미건조한 교무실 책상은 오로지 교과서와 분필 그리고 업무에만 교사의 일상을 몰입하도록 경직된 흐름을 만든다. 그 때문에 교사들도 자기만의 책상 공간 꾸미기를 할 필요가 충분하다. 교과서와 업무용 컴퓨터만 덩그러니 놓인 자리가 아닌 교육 철학과 교사의 삶을 가꾸고 표현하며 드러내는 공간으로 바꿀 필요가 있다.

학교 교무실에서 유일하게 지니는, 아주 작고 좁은 개인 공간을 더 이상 방치하는 건 쓸쓸하고 측은한 일이다. 하다못해 작은 화분 하나라도 철마다 바꾸어 올려두고, 계절 따라 변하는 꽃이나 풍경 사진이라도 자그맣게 걸어두는 일부터라도 해보면 좋겠다. 너무도 태연하고 당연한 듯 책상 한가운데를 차지하

---

38. 폴 키드웰, 《헤드스페이스》, 94쪽, 2017년, 파우제.

고 앉아있는 노트북 PC를 슬쩍 옆으로 밀쳐두기라도 해보는 것이다. 그리고 그 옆에 종이컵만 한 틈이라도 만들고 공간을 열어 자신의 삶을 숨 쉬게 해보면 좋겠다. 학생들과의 만남이 새로운 의미와 계기로 다가오는 환희의 순간들을 조금 더 자주 만나게 되는 거짓말 같은 일이 일어날 수도 있으니 말이다.

최근에는 데스크테리어Deskterior라는 말까지 생겨났다. 데스크Desk와 인테리어Interior를 합친 말로 집을 꾸미듯 다양한 디자인 소품으로 책상을 꾸미고 단장하는 것을 말한다. 자신의 취향과 흥미를 살리고 반영한 책상 꾸미기 바람이 일반 사무실에서 불고 있는 것이다. 자신의 자리에 애정을 가지고 업무와 직장 생활 전체에 활력을 불어넣으려는 의도로 책상 공간의 변화를 촉진하는 흥미로운 삶의 흐름이다. 재미있고 유쾌한 캐릭터를 이용하거나 기발한 디자인의 사무용품을 배치·사용하고, 예쁜 커피잔을 올려놓거나 작은 그림을 걸기도 하며 반려식물 등을 키우고 캘리그래피calligraphy 글귀로 장식도 하면서 다양하고 입체적인 개성을 뽐내고 위안과 휴식을 얻기도 하는 공간으로 변신 중이다.

교사도 행복해야 한다

이런 바깥세상의 변화가 교무실에서는 더디기만 하다. 색감도 무겁고 기능도 단순한 책상에 녹색 부직포를 깔고 그 위에 유리를 덮는 것이 아직도 너무나 당연한 '데스크테러'가 벌어진다. 교무실 책상 공간에서 데스크테리어는 가깝지만 아주 먼 다른 세상의 이야기가 될 수도 있다. 세월이 아무리 흘러도 학교의 근본적인 구조나 틀이 변하지 않는 이유가 바로 이런 변화에 대한 감수성이 부족하기 때문이다.

하드웨어적인 것은 물론 소프트웨어적인 것의 변화도 마찬가지다. 학교의 보수적이고 과거 지향의 생각이 바뀌려면 공간과 환경이 바뀌어야 한다. 학교 밖 일반 회사의 사무실보다 매우 보수적이고 경직된 학교와 교사들의 문화가 교무실 책상 공간의 데스크테리어를 통해 발랄하고 유쾌해지는 변화는 충분히 가능한 꿈이다.

"오피스에 배치된 녹색 식물은 구성원들의 업무에 긍정적인 영향을 끼친다. 실제로 식물을 배치해놓은 그런 오피스는 직원들이 일에 더 몰입할 수 있도록 돕는다. 엑세터대학 심리학자 연구팀의 연구 결과에 따르면 식물이 배치된 오피스는 구성원들의 행복감을 증진시켜 생산성을 15%까지 높인다고 한다. 또한 식물이 전혀 없는 공간에 비해 사무환경 만족도는 40%나 높았다"[39]고 한다. 삭막한 교무실 공간 곳곳에 크고 작은 식물 화분을 넉넉히 들여놓고, 교사들의 책상 위에도 녹색 식물이나 꽃이 피는 작은 화분을 올려놓아 볼 일이다.

경남 사천의 한 중학교에서는 교무실 책상만이 아니라 교무실

---

39. 퍼시스, 《사무환경이 문화를 만든다》, 239~240쪽, 2017년, 퍼시스북스.

공간 전체를 카페처럼 바꾸어 화제가 된 적이 있다.[40] 사천 용남 중학교는 지난 2016년 약 1억여 원의 예산을 들여 교무실을 모던한 느낌이 나는 북유럽풍 카페처럼 아늑하고 편안한 공간으로 변신시켰다. 교사가 행복해야 학생도 행복하다는 생각을 교무실의 공간 변화로 나타낸 것이다.

천장에는 인테리어 전등을 나란히 달고, 붉은 벽돌을 쌓아 실내 기둥을 만들어 멋스러움을 더했다. 버튼을 눌러 자동으로 열리는 교무실 출입문을 들어서면 아름다운 음악이 흐른다. 무엇보다 이 학교 교무실에는 파티션(칸막이)이 없다. 파티션으로 개인의 공간을 만들고 그 안에 갇힌 모양을 한 일반적인 교무실의 모습을 버렸다. 권위적이고 어두운 교무실의 고정관념을 버리니 새로운 소통과 즐거움이 생겨났다. 교사들뿐만 아니라 학생과 학부모도 달라진 교무실 환경에 즐거워하며 서로 한 걸음씩 더 다가서고 소통하는 계기가 됐다. 교무실 공간의 변화가 학교 구성원들 사이 관계의 변화를 이끌었다.

교무실을 기존의 상식과는 전혀 다른 삶의 공간으로 바꾸려는 시도가 더 많았으면 한다. 그러려면 업무나 기능 중심의 고정관념부터 버려야 한다. 단순한 사무 처리가 아닌 학생들 하나하나의 삶과 매 순간 만나고 관계를 맺는 교사들의 삶을 중심에 두고 이전과는 다른 공간을 꿈꾸어야 한다. 교사가 행복할 수 있는 공간이어야 한다. 그래야 교사들도 그 공간에서 새롭고 혁신

---

40. 장명호, 「사천 용남중 "카페 아닙니다 교무실입니다"」, 『경남도민일보』, 2016년 3월 16일 자.

북유럽 풍의 카페처럼 아늑하고 편안한 공간으로 변신한 경남 사천 용남중
학교의 교무실.

적이며 창의적인 교육을 계획하고 실현하려는 적극적 자극을 놓치지 않는다. 집처럼 편안한 환경 속에서 업무 효율과 직원 만족감을 높이는 사무환경을 뜻하는 '홈 라이크 오피스Home like office'는 일반 회사에만 필요한 것이 아니다.

책상 자리 배치의 권위적 공식

교무실이 교사들에게 삶의 공간이 되려면 교사들이 교무실 공간의 주인이 되어야 한다. 학교에서 오랜 관행에 따라 임의대로 혹은 일방적으로 교무실 공간을 변형하거나 조정하면 안 된다. 큰 틀의 변화부터 아주 작고 사소한 변화까지도 그 공간에 사는 교사들을 존중하고 그들의 의견을 경청하는 일에서 출발해야 한다. 지금 교사들이 앉아있는 교무실이 쾌적하고 건강에 위협이 안 되는 공간인지, 심리적 안정과 위안을 주는 곳인지, 머물고 싶은 곳인지 벗어나고 싶은 곳인지 등부터 먼저 살피고 확인하는 일도 필요하다.

학년 초마다 교사들의 전입과 전출이 있고 나면 교무실은 새로 자리를 정하고 옮기느라 분주하다. 거의 모든 학교가 교사들의 교무실 자리를 교무부, 연구부 등의 업무 중심으로 배치한다. 학년 단위로 나누어 교무실 공간을 따로 배치하는 경우에는 학급 순서에 따라 1반부터 10반까지 교사들의 책상 자리를 나란히 배치한다. 대체로 1반은 학년부장 보직을 맡은 교사가 학급담임이 된다. 무슨 이유에서인지는 모르지만 학년부장 교사가 5반이나 7반, 10반 담임을 맡는 일은 없다. 서열과 질서라는 강박은 학급담임을 배치하는 데에도 철저히 작동한다. 강박적 질서와 서열이 갖추어진 구조를 학교는 좋아한다.

교감이나 보직교사(부서별 부장이나 학년부장 등)의 자리는 같은 교무실 공간에 있는 다른 교사들을 조망하고 관찰하기 좋도록 배치되며, 출입구에서 가장 먼 안쪽에 자리 잡는다. 사생활 보호도 완벽하며 복도의 소란으로부터도 가장 안전하고 조용한 곳이다. 교무실 출입문 입구에 앉은 교사와는 정반대되는 최고의 입지 조건이다. 아무리 민주적인 학교 문화를 내세우며 자랑하는 학교라 할지라도 교감이나 보직교사가 교무실 출입문 앞에 앉는 일은 절대 일어나지 않는다. 교감이나 부장교사가 출입문 앞자리에 앉겠다고 자처하는 일은 더더욱 없다. 그러한 교무실 자리 배치 구조를 근본적으로 개선하려는 시도도 절대로 일어나지 않는다. 아무도 이런 자리 배치에 대해 문제를 제기하지 않으며 당연한 것으로 받아들인다.

"창가로부터 서열 순서대로 앉는 것이 보통 기업에서 찾아볼 수 있는 대표적인 구조"[41]다. 일반 회사와 달리 교장·교감을 제외하면 학교는 모두가 교사로 직급 체계가 단순하다. 교장은 이미 교장실이라는 독립된 권력 공간을 확보하고 있다. 교무실에는 교감 1~2명과 다수의 교사가 남는다. 그런데도 교무실 자리 배치

---

41. 이동우·천의영, 《그리드를 파괴하라》, 202쪽, 2016년, 세종서적.

는 유독 기업형 서열 구조인 점도 눈여겨볼 만하다. 일반교사와 같은 지위에 있는 보직교사가 중간 관리자처럼 상급자 행세를 하며 선생님이라는 호칭 대신 '부장님'으로 군림하는 기이한 현실도 교무실 자리 배치를 보면 뚜렷이 확인할 수 있다.

이렇듯 교사들은 정해주는 대로 책상 자리에 가서 앉는다. 누군가 처음 해놓은 그대로의 책상 배치를 새롭게 바꾸거나 변형하는 건 혼자 힘으로는 엄두조차 낼 수 없다. 교사들이 자율적으로 교무실 책상 배치를 조정하고 자리를 선택하여 나누어 앉으며 저마다의 책상에 데스크테리어까지 하는 학교는 없다. 학교에서 정해준 좁은 한 칸짜리 파티션 공간에 들어가 자신의 자리를 겨우 만들 뿐이다. 그들이 교실에서 학생들의 책상이나 사물함 자리에 일일이 이름표까지 붙여 교무실에서 자신의 모습처럼 학생들을 고정시켜 무기력하게 만드는 일은 어쩌면 너무나 당연하고 예견된 일인지도 모른다.

업무용 PC방에 갇힌 교사

미국에서는 "1997년에 사무용 가구 업체 스틸케이스steelcase가 큐비클에서 일하는 직장인을 대상으로 설문 조사를 했는데, 그중 93%가 업무 공간이 다른 형태였으면 좋겠다고 응답했다. 2013년에 시드니대학 연구자들이 조사했을 때도 비슷한 결과가 나왔다. 사무직 노동자의 60%를 차지하는 큐비클인은 자신이 일하는 공간에 대해 가장 불만족스러워하는 집단이었다"[42]고 한다.

위에 인용한 부분을 보면 파티션으로 각각 칸막이를 나누어 놓은 개개인의 자리를 '큐비클'이라는 말로 표현하고 있다. 몸 하나 넣으면 그 안에 갇혀버리는 큐비클 구조를 미국이 아닌 우리라고 해서 일반 사무직 노동자들은 물론 교사들 역시 좋아할 리가 없다. 큐비클 구조는 관리자가 그 안에 들어앉은 이를 확인하고 감시·감독하기에는 유용할 수 있다. 하지만 다른 이들과 넘나들며 소통하고 교류를 원활히 하며 활력 넘치는 삶의 공간으로 만들기에는 아무래도 적절하지 않다. 교무실 책상이라는 큐비클 안에서 제각각 자신의 노트북 PC를 켜고 앉아 갇혀있는 게 대한민국 교무실의 아주 흔하고 일반적인 모습이다. '큐비클로 된 업무용 교사 PC방'이라고 교무실의 이름을 붙여도 전혀 어색하지 않을 듯하다.

어쩌면 교사들에게 저마다 고유 접속번호를 부여하고 1인당 하나씩의 개인 컴퓨터를 지급하여 학생들을 가르치는 일보다도 행정 업무를 더 중요하게 맡아 다루도록 하면서부터 교무실이 교사 PC방처럼 변하는 건 예고되었던 것일 수도 있다. 교육 활동을 위한 준비, 학생·학부모와의 상담과 소통, 전문성 향상과 자아 성장을 위한 연수와 독서, 휴식 등의 프로그램을 중심에 두고 이를 지원하는 시스템이 아니다. 그런 것들은 모두 교사 개인

---

42. 니킬 서발, 《큐브, 칸막이 사무실의 은밀한 역사》, 10쪽, 2015년, 이마.

의 능력이며 혼자 알아서 할 일이다.

2014년부터 2016년까지 3년간을 기준으로 교원 1인당 연간 평균 수업일수(192일 기준) 대비 교육행정정보시스템NEIS, National Education Information System에 접속한 1일 접속 횟수를 보면 우리나라 교사들의 삶이 얼마나 업무 중심으로 이루어지는지를 알 수 있다. 이 통계에 따르면 우리나라 교사들은 하루 평균 초등학교 4.4시간, 중학교 4.8시간, 고등학교 4.5시간 동안 교육행정정보시스템에 접속하여 업무를 처리하는 것으로 나타났다. 교육행정정보시스템의 응용 소프트웨어 메뉴는 총 7839개나 되며, 교원들이 주로 다루는 교무 업무 메뉴만 해도 2210개에 이른다. 학교 현장의 교원들은 맡은 업무에 따라 100여 개 이상의 업무 메뉴를 다루고 있다.[43]

이렇듯 행정적인 역할과 업무를 우선하다 보니 수업 시간을 제외하면 교사는 하루 종일 교무실 큐비클 안에 갇혀서 PC방 폐인처럼 노트북 PC의 마우스만 클릭하고 있을 수밖에 없다. 교사로서의 삶은 없고 순환하는 기계적 수업과 업무만 있다. "사무실의 기능은 정신 지향적인 삶의 공간이 되는 것"[44]이라는데 우리 교무실의 현실은 교사들의 영혼을 탈진하게 만드는 공간이다. 앞에서 소개한 용남중학교처럼 교무실 공간에서 교사들을 구분하고 나누며 가두던 파티션을 없애고 직책에 따른 교무실 자리 구분도 없애는 변화의 노력부터라도 시도하는 학교가 더 늘어났

---

43. 신동근 국회의원실, 『교육행정정보시스템(NEIS) 접속 현황 분석』, 2017년.
44. 니킬 서발, 《큐브, 칸막이 사무실의 은밀한 역사》, 276쪽, 2015년, 이마.

으면 싶다.

'교무실'이라는 케케묵은 이름은 버려도 좋다. 산뜻하고 친근한 이름을 새로 달고 책상이며 의자, 캐비닛 등의 가구와 집기들의 우중충하고 어두운 색깔과 천장에서 차가운 빛을 쏘는 형광등과 LED 조명이라도 따뜻하고 다양하게 색을 입히고 입체적인 전등으로 교체해보자는 말이다. 교무실이 교사들만의 닫힌 공간이 아니라 학생·학부모 등과 함께 소통·교류하는 공간으로 활짝 문을 열 수 있다는 생각도 필요하다. 정신 지향적인 삶의 공간으로서 교무실은 그러한 시도와 생각에서부터 가능해진다. 교무실 공간에 대한 전반적인 모색과 생각의 전환이 필요하다.

30여 년 전 학교 교무실 공간의 풍경을 묘사한 글 하나를 옮긴다. 현재의 교무실 공간과 크게 같고 작게 다른 당시의 모습은 지금도 교무실이 얼마나 경직되고 폐쇄적이며 권력적 위계가 여전한 공간인가를 다시 한번 생각하게 한다. 또한 21세기의 교무실이 어떻게 변해야 하는지도 고민하게 만든다.

　교무실에 들어오는 아이들 하나하나가 왜 그렇게 겁먹은 얼굴을 하고 있어야 하는지 여러분은 알고 있겠지요. 아마 아이들에게는 교무실이 경찰서 수사과로 보이는 모양입니다. 따듯하게 느껴져야 할 교무실, 고민이 있으면 쉽게 문을 두드려야 할 교무실, 모르는 것이 있으면 물어보러 와야 할 교무실이 어느새 차디찬 얼음덩어리로 변해있습니다. 생기 없고 활기도 없이 냉기가 흐르는 교무실 분위기가 아이들을 겁먹게 만들었나 봅니다. 죄 없는 사람도 경찰서 앞만 지나가면 가슴이 두 근 반 서 근 반하듯 말입니다.

　사실 교무실이 대학교 교수 방처럼 따로 있어야 하는데 그러지 못해 군대 내무반처럼 살벌하기 짝이 없습니다. 교실 세 개의 벽을 허물어 하나의 교무실로 만들었으니 그 얼마나 허허벌판이겠습니까? 교무실 중앙에 앉아 있는 대대장격인 교감의 눈초리 하나하나는 저 멀리 구석구석에 앉아 있는 말단 소총수의 일거일동을 한눈에 볼 수 있게 만들어져 있습니다. 목소리까지 탐지할 수 있는 위치에 있습니다. 책이 쌓여있어야 할 책상 위에 무엇 하나 올려놓으면 지저분하다고 훈계하기가 일쑤입니다. 책상 위에 책이 없는 모습이 학생들에게 어떤 모습으로 비쳐질지를 상상해봅시다. 가르치는 교사의 책상 위에 책꽂이조차 없습니다. 소총수들이 움직이는 모습을 한눈에 넣기 위해서 한 교무실에 학생부, 체육부, 교도부, 과학부, 윤리부, 교무부, 새마을부 등을 모두 한곳에 모아놓았습니다. 상담실이 따로 있기는 하나 지키는 교사가 없어 먼지가 뿌옇게 쌓여있습니다. 학생부는 학생 지도하느라 뺨 때리는 소리가 딱! 딱! 이곳저곳에서 들려옵니다. 또 한쪽 구석에서는 체육부에 찾아와 공 가지러 오는 학생들이 들락거립니다. 먼지를 일으키며 무거운 공 바구니를 들고 뛰어나갈 때는 체육관이나 다름없습니다. 이 속에서 상담을 해야 할 교도부에서는 상담자는커녕 파리만 날립니다.

옆에 있는 교사들끼리는 사담하기도 힘들고 학교 행정에 대해 문제를 제기하기도 어렵습니다. 소곤거리며 얘기하기가 번득이는 눈초리 때문에 여간 힘든 것이 아닙니다. 동료 간에 우정을 나누어야 할 교무실에 이렇게 찬바람만 쌩쌩 불고 있습니다. 비어있는 교실이 몇 개가 있어도 교무실을 분산시키지 않습니다. 흩어지면 통제가 불가능하다는 것입니다. 이것이 교무실을 들락거리는 아이들에게 비쳐지는 어른들의 풍경이고 교사 문화입니다.

이렇게 교사의 전문성과 부서별 기능을 분산시켜 활성화시켜야 하는데도 일사불란하게 통제·감독하기가 불편하다

는 이유 하나만으로 65명의 교사들을 한 교무실에 돼지새 끼처럼 몰아넣었습니다.[45]

45. 심성보, 〈돌아온 교실에 서서〉, 윤영규 외, 《시대의 아픔 교사의 기쁨》, 142~143쪽, 1988년, 청년사.

창문, 파놉티콘의 눈

아름다운 학교 창문은 없다

학교는 아주 폐쇄적이며 규율 중심의 공간이다. 등교해서 하교할 때까지 교실부터 운동장에 이르는 학교 안의 모든 공간은 교사의 허락이나 확인 없이는 출입하거나 이용할 수 없다. 자기 생각을 써서 게시판에 대자보로 붙이는 일도 규정과 명령의 체계를 따르지 않고서는 규정 위반, 학생으로서 품위 손상 등의 범죄 취급을 받는다.

학교의 모든 공간에서 학생들의 삶은 1급수처럼 투명하고 맑게 개방되고 공개되어야 한다. 가능하다면 의식까지도 그러해야 한다. 교사들이 언제든 한눈에 들여다볼 수 있어야 한다. 사고 예방을 위한다는 미명이든 효과적인 감시의 구축이든 상관없다. 중요한 것은 최대한 잘 보이도록 막힘없이 개방되어야 한다는 것이다. 마치 "스크루지가 일하는 회계실의 문은 뒤쪽에 있는 일종의 감방 같은 음침하고 조그만 방에서 증서들을 베껴 쓰고 있는

아름다운 풍경을 보여주는 학교 창문은 없다. 창 밖으로는 아파트와 상가들이 즐비할 뿐이다.

사무원을 감시하기 위해 열려있었다"[46]고 한 《크리스마스 캐럴》
의 한 장면처럼.

그 시선에서 벗어나는 것은 불온한 것이며 규정 위반이거나
위험한 장난이라는 혐의가 기본적으로 가 닿는다. 안에서 벌어
질 만약의 사고에 대비한다면서 화장실 출입구까지 다 보이도록
개방해놓은 끔찍한 학교들도 있다. 학교만큼 학생들의 삶을 활
짝 개방해주는 공간은 없다.

학생들의 이러한 개방적 삶의 조건은 창문을 통해 확연히 드
러난다. 대체로 거의 모든 교실의 창문은 투명하다. 밖에서 안이
훤히 들여다보인다. 복도에서 교실을 들여다보며 감시하기 맞춤
한 구조다. 24시간 학교 복도를 돌아다니면서 교실을 순찰·감시
하는 교장·교감을 일컬어 '이사도라'라는 별명을 붙여 부를 수
있었던 것도 교실 창문이 투명했기에 가능한 일이었다. 창문이
투명하다는 것은 '개방'이나 '소통'을 의미하기도 하지만 학교에서
는 '감시'나 '감독'의 기능으로 통할 때가 더 많다.

교실에는 두 개의 창문이 있다. 하나는 운동장을 향하여 나
있는 창문이고 다른 하나는 복도를 향한 것이다. 당연하게도 양
쪽 모두 맑고 투명하다. '학교 시설 안전 관리 기준'에 따르면 교
실 출입문도 반드시 "반대편이 보일 수 있도록 일정 높이에 고정
된 유리창을 설치"하게 되어있다.

정일근 시인이 "참 맑아라/ 겨우 제 이름밖에 쓸 줄 모르는/

---

46. 찰스 디킨스, 《크리스마스 캐럴》, 17쪽, 2006년, 문예출판사.

열이, 열이가 착하게 닦아놓은/ 유리창 한 장/ 먼 해안선과 다정한 형제섬/ 그냥 그대로 눈이 시린/ 가을 바다 한 장/ 열이의 착한 마음으로 그려놓은/ 아아, 참으로 맑은 세상 저기 있으니"[47]라고 쓴 아름다운 시에 등장하는 창문은 운동장을 향해 난 창문이다. '열이'의 학교는 교실에서 운동장을 넘어 바다가 보이는 곳이다. 시인은 "열이가 착하게 닦아놓은/ 유리창 한 장"을 통해 "먼 해안선과 다정한 형제섬/ 그냥 그대로 눈이 시린/ 가을 바다 한 장"을 본 것이다. 바다와 교실이 창문을 통해 어우러지는 아름다운 연대가 한 폭의 풍경으로 펼쳐진다. "창문이 수행하는 단순한 과제 중의 하나는 내부 공간에서 바깥 세계를 관찰하게 해준다는 점"[48]이라고 했던 오토 프리드리히 볼노의 말은 이런 경우 아주 유효적절하다.

운동장을 향한 창문은 대체로 이런 기능을 한다. 지루하기만 하고 도무지 귀에 안 들어오는 수업에서 일탈과 탈출을 꿈꾸게 하고, 몽상을 부추긴다. 하지만 운동장 쪽으로 난 창문으로 탈출을 시도하기는 현실적으로 불가능하다. 사고 방지용 쇠막대가 가로로 길게 창문을 막고 있기도 하거니와 1층이 아닌 이상 창문 밖은 낭떠러지나 다름없다. 현실로 보면 운동장 쪽으로 난 창문은 풍경이나 낭만적인 것과는 거리가 멀다. 교실이 철저히 차단되고 폐쇄적인 공간임을 확인시켜줄 뿐이다.

47. 정일근, 〈바다가 보이는 교실 10-유리창 청소〉, 《바다가 보이는 교실》, 66쪽, 1987년, 창비.
48. 오토 프리드리히 볼노, 《인간과 공간》, 207쪽, 2011년, 에코리브르.

그럼에도 불구하고 운동장 쪽 창문 자리를 유독 좋아하는 학생들이 있다. 그들은 분명 "인간이 굳이 창문에 다가가려는 것은 낭만적인 습관 때문이 아니다. 사람은 자유를 누리고 싶은 욕망 때문에 창문을 소망하고, 창문 없는 공간에 갇혀있는 상황에 저항한다"[49]는 오토 프리드리히 볼노의 말을 본능적 몸부림으로 증명하는 것이다. "2013년에 이루어진 한 연구에서는 창문 있는 사무실에서 일하는 직원들이 창문 없는 실내에서 일하는 사람들보다 하루 평균 수면 시간이 46분 더 길다"[50]는 결과가 나왔다. 햇볕을 쬐지 못하면 세로토닌과 멜라토닌의 불균형으로 숙면을 취하기 어려워지고 면역력에도 문제가 생긴다는 사실이 확인된 것이다. 창문을 넘어오는 햇빛은 성장기 학생들에게도 더없이 소중한 혜택이다.

'열이'의 교실에서 운동장 쪽으로 난 창문으로는 바다가 보이지만 그런 학교는 현실 세계에서 예외적인 경우다. 교실 창문을 통해 학급 구성원 모두가 햇볕을 온전히 쬐기도 어렵다. 대부분의 학교에서 풍경을 말하거나 보여주는 창문은 없다. "창문은, 고딕 성당의 스테인드글라스 창문들처럼, 황금비율 없이도 아름다울 수 있다"[51]고 말한 이도 있지만, 교실 바깥 세계를 향한 충동적 호기심이나 심미적 가치를 자극하는 '아름다운 창문'은 학교에 없다. 그저 네모 난 감시의 도구이거나 최소한의 일조권을

49. 오토 프리드리히 볼노, 《인간과 공간》, 209쪽, 2011년, 에코리브르.
50. 론 프리드먼, 《공간의 재발견》, 68쪽, 2015년, 토네이도미디어그룹(주).
51. 폴 키드웰, 《헤드스페이스》, 70쪽, 2017년, 파우제.

창가에 앉은 학생에게 빛이 쏟아진다. 커튼과 머리카락으로 빛을 가리자 책상에 그림자 그늘이 생겼다.

확보하기 위해 마련한 투명한 장치일 뿐이다.

바로 그 창문을 내다보면 발암물질 범벅인 인조잔디가 깔린 운동장이 보이고 옆에 붙은 고층 아파트 단지들과 차들이 씽씽 달리는 도로 같은 것 말고 다른 풍경은 없다. 학교 숲이 아름답 게 꾸며져 있다거나 사계절 변화하는 산자락이 펼쳐지는 곳을 창밖 풍경으로 누리는 학교들은 혜택받은 명당이다. 창문을 통 해 교실에서 바라보는 바깥 풍경은 좀 더 감성적이며 극적이고 자연 친화적일 필요가 있다. "'창이란 그곳에 모인 존재들의 다 양한 행동이 미치는 범위'라는 확장된 인식 없이는 창의 풍요로 움을 새로이 포착하거나 창조할 수 없다".[52]

개방과 소통, 지배와 복종

복도를 향한 교실 창문이 투명한 까닭은 대부분 교실 감시를 위해서라고 할 수 있다. 교실에서 학생들이 무슨 일을 벌이는지 를 실시간으로 들여다보고 감시하기 위한 역할이 기본이다. 어떤 교사가 어떻게 수업을 진행하고 있는지, 어떤 학생이 교사 몰래 다른 짓을 하고 있는지 등을 대놓고 훔쳐볼 수 있다. 성질 사나 운 교장·교감은 수업 중인 교실 문을 벌컥 열고 들어가 졸고 있 는 학생을 깨우기도 하며, 수업 중인 교사에게 근엄한 경고성 발

---

52. 도쿄공업대 쓰카모토 요시하루 연구실, 《창을 순례하다》, 26쪽, 2015년, 푸 른숲.

언을 남기고 유유히 사라지기도 한다. 모두 교실 밖에서 투명한 창문으로 교실 안을 훔쳐본 이후에 벌어지는 일들이다.

학교에서 학생들의 공간은 '보이는' 공간이고 교직원과 학부모의 공간은 '보는' 공간이다. 복도를 향한 교실 창문이 학생들의 감시를 위해 투명한 개방성을 지닌 장치로 활용되는 반면 교장실이나 행정실, 교무실의 창문은 좀 다르다. 운동장 쪽으로 나 있는 창문에도 가로로 길게 쇠창살로 막아놓은 안전장치가 없다. 따라서 바깥 풍경에 대한 개방감이 교실보다 훨씬 크다. 복도를 향해 난 창문도 교실과 달리 교장실이나 교무실, 행정실, 교사휴게실, 학부모 상주실 등 교직원과 학부모들의 공간에는 불투명 유리를 사용한다.

복도 쪽 창문으로는 교장실이나 교무실, 행정실 등의 내부가 절대로 보이지 않는다. 학생들은 교장실이나 교무실 등의 내부를 복도에서 들여다볼 수 없다. 교장실이나 교무실, 행정실 등의 출입문을 열고 들어서기 전에는 그 안에서 무슨 일이 일어나고 있는지도 전혀 알 수가 없다. 그곳은 학생들이 마음대로 자유롭게 출입할 수 있는 공간도 아니다. 교실이 보이는 공간, 복종의 공간이라면, 교장실·교무실·행정실·학부모실 등은 보는 공간, 지배의 공간이기 때문이다. 학생들의 입장에서 보면 그 공간들은 권력의 질서가 작동하는 곳이다.

남들에게 들키지 않으면서 자신은 남들을 볼 수 있는 장소를 선호하도록 인간이 진화했다는 제이 애플턴의 '조망과 피신 Prospect & Refuge' 이론에 부합하는 공간이 교장실, 교무실, 행정실, 학부모실 등이라면 교실은 그 반대의 공간인 셈이다. 교장실, 교무실 등은 교실과 달리 학생들에게는 완벽히 차단되어 보이지 않으면서 그 안에서는 운동장으로 난 창문을 통해 학생들이 바깥 공간에서 무엇을 하고 있는지 관찰하고 감시할 수 있으며 언제든 복도로 나와 학생들을 감시하고 명령할 수 있다. 그런 차이를 명확히 구분·확인해주는 물리적 실체가 바로 창문이다.

최근 인천 등 일부 시도교육청에서 교장실, 교무실, 행정실 등의 복도 쪽 벽을 투명한 유리벽으로 교체하는 사례가 생겨나고 있다. 비밀스럽고 엄숙하던 공간들을 투명하게 엶으로써 개방과 소통의 의미를 담아 '보는 공간'에서 '보이는 공간'으로 탈바꿈하려는 적극적 시도로 볼 만하다.

공간의 개방과 소통, 권위주의 해소라는 측면에서는 의미가 있을 수 있으나 그로 인해 학생들의 모든 공간이 개방·공개되는 현실이 더욱 당연시되는 것은 안타까운 일이다. 마치 '학생의 날' 행사를 하면서 교장과 교사들이 모두 학생들처럼 교복을 입고 교문에서 학생들을 맞이하는 이벤트와 비슷하다. 교복이라는 획일성과 몰개성의 문제의식은 사라지고 교장과 모든 교사가 교복을 입는 모습을 보임으로써 교복 착용 규칙의 정당성을 더욱 굳건히 학생들에게 세뇌하는 효과를 얻는 것과 같다.

창문이 파놉티콘의 눈으로 기능하는 우리의 학교 현실에서 "창이 많아질수록 시선으로부터 갇히고 벽이 많을수록 마음은 자유롭다."[53]라고 한 김현진의 지적을 곰곰이 짚어볼 필요가 있

다. 투명하다는 것은 개방과 소통을 의미하기도 하지만 감시와
감독이라는 이중적 속성을 지니기 때문이다.

---

53. 김현진, 《진심의 공간》, 103쪽, 2017년, 자음과모음.

복도, 주목해야 할 공간으로

쉿, 그리고 얼음!

"최근 한 중학교 교장은 나에게 자기 학교가 조용한 복도를 만들었다고 자랑스럽게 말했다. 이 학교 학생들은 교실에서 교실로 이동할 때 서로에게 말하는 것이 금지되었다. 다음으로 교장 선생님이 구내식당이 침묵하는 공간이기를 희망한다는 얘기를 듣고 충격을 받았다".[54]

위에 언급한 교장의 모습은 어쩌면 우리 초중고교의 교장과 많은 교사에게는 충격보다는 공감을 불러일으킬 만해 보인다. 위와 같은 일을 따라 하는 학교와 교장들이 혹여 생겨날까 두렵기도 하다.

우리 역시 학교 복도에서 학생들이 시끄럽게 소리를 지르며 뛰어다니는 것은 금기에 해당한다. 일종의 일탈 행위로 간주하거나

---

54. 넬 나딩스, 《21세기 교육과 민주주의》, 88쪽, 2016년, 살림터.

심지어는 공동체의 질서와 평화를 깨트리는 못된 짓으로 규정하기도 한다. 학급회의를 통해 복도에서 뛰지 않기 위한 방법이나 약속을 정하는 학교도 많다. 초중고교를 가리지 않으며, 일반학교와 혁신학교의 구분도 없다. 복도에서 뛰어다니는 모습이 반장에게 3회 적발되면 '실천 약속'이라는 이름의 '제 자리에 5분 서 있기'와 같은 벌칙을 수행해야 하는 학교도 있다. '가만히 있으라'는 명령을 그렇게 각인시키는 것이다.

복도에서 뛰어다니는 학생들의 발걸음을 멈추게 할 흥미 있는 도구나 장치, 시설 등의 공간 변화는 꿈꾸지 않으면서, 재미있고 유쾌한 만남과 소통이 가능한 복도를 만들려는 상상조차 하지 않으면서 학교는 학생들에게 복도에서 뛰지 않기만을 요구한다. 뛰고 달리기 좋도록 수십 미터에서 백여 미터에 이르는 긴 복도를 만들어놓고 뛰는 것을 금지한다. 게다가 학급 자치, 학생 자치의 대표인 학급회장에게 친구가 복도에서 뛰어다니는지 안 뛰어다니는지 따위를 감시하라고 시킨다. 학급회장을 교사의 명령을 수행하는 하수인으로 만드는 짓을 교육이라는 이름으로 저지르는 것이다. 오직 조용한 복도를 만들기 위해서 말이다.

'조용한 복도'는 교장과 교사들의 간절한 꿈이다. 복도뿐만 아니라 '조용하기'는 교실을 비롯한 학교라는 장소의 모든 공간에서 학생들에게 요구하는 '기본 필수 덕목'이다. '조용'을 깨뜨리려는 학생들과 고수하려는 교장과 교사들 사이의 끊이지 않는 모색과 충돌은 쉼 없이 이어져 왔다. 아직 어느 쪽도 승리했다고 말하기는 어렵다.

김종진은 "복도는 이동을 위한 곳이지만 이곳은 사람을 천천히 걷게 만든다"[55]고 했다. 대한민국의 초중고교에서는 통하지 않는 말이다. 학교의 복도에서는 뛰고 달려야 한다. 학교에서 복도는 한가하고 여유롭게 천천히 걸을 만한 사색이나 산책의 공간이 아니다.

10분 남짓한 쉬는 시간은 복도를 천천히 걸을 수 없도록 만든다. 그 짧은 시간에 복도를 천천히 걷다가는 할 일을 하나도 못한 채 걷는 것으로 시간을 다 써버리게 된다. 체육복을 갈아입어야 하고 교과서도 빌리러 가야 하는데 천천히 걷는다는 건 말이안 된다. '쉬는 시간에 안 다녀오고 뭐 했어!'라는 교사의 힐난을 듣지 않으려면 북적이는 화장실에도 재빨리 다녀와야 한다.

김종진은 "건축의 공간에서 머묾과 움직임을 만드는 일은 머묾의 '장소'와 움직임의 '축'을 만드는 일이다. 그것은 단순히 우리 신체만의 문제가 아니라 영혼을 머무르게 하고 움직이게 하는, 깊이 있는 경험의 문제다."[56]라고 말했다. 학교에서 복도는 학생들의 영혼이 머물고 움직이며 깊이 있는 경험이 일어날 수 없는 무기력의 공간이다.

55. 김종진, 《공간 공감》, 65쪽, 2011년, 효형출판.
56. 김종진, 《공간 공감》, 65쪽, 2011년, 효형출판.

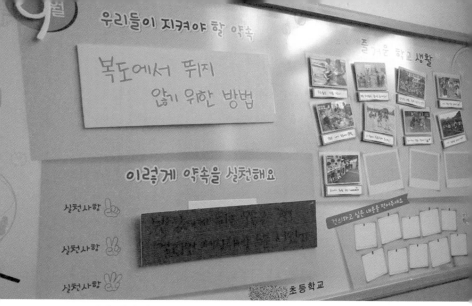

복도에서 뛰지 않는 것을 실천 과제로 약속하는 한 초등학교의 학급 게시판.

언제나 '간과'하는 곳

대체로 학교에서 복도는 이동 통로로 기능한다. 지은 지 오래
된 학교는 그나마도 복도의 폭이 170㎝ 내외 정도로 아주 좁다.
건축법 시행령 등에 따라 복도의 설치는 유초중고교의 경우 중
복도식 구조일 때에는 폭이 2.4m 이상, 기타의 복도는 1.8m 이상
으로 규정하고 있다. 우리나라 학교 복도는 일반적인 구조인 편
복도식에 해당하므로 1.8m 이상이면 기준을 충족한다. 그러나
1.8m 복도 역시 덩치가 커진 학생들을 생각하면 이동 통로의 기
능도 온전히 수행하지 못할 만큼 좁기만 하다. 너비를 좁게 규정
한 법규를 따라 설계한 복도도 짧은 시간에 한꺼번에 많은 학생

이 이동하기에는 벅차다.

좁은 복도는 학생들에게 심리적 긴장감을 유발한다. 경직되고 갑갑한 물리적·심리적 충돌을 부르기도 한다. 비교적 근래에 지은 학교들도 학생이나 교사들의 주목을 받을 만한 공간적 장치를 갖춘 복도는 없다. 있어도 아주 드물거나 최소한의 제한적 장치를 해둔 정도다.

복도는 휑하고 거칠게 쭉 뻗어서 '주목注目'하기보다는 '간과看過'하기에 맞춤한 곳이다. 이곳에서 학생들이나 교사에게 주목할 만한 핵심적인 일생일대의 흥미진진한 사건이 일어나지 않는 이유도 복도가 '주목의 공간'이 아니라 별 관심 없이 스치고 지나가는 '간과의 공간'이기 때문이다.

덴마크 코펜하겐의 헬레루프 학교에는 복도가 아예 없으며[57], 핀란드의 라또까르띠노 학교의 복도는 "학생들 입장을 배려한 구조이다. 이 학교의 복도에는 아이들이 언제든 모여서 토론할 수 있는 모둠형 테이블과 의자가 배치돼있고 군데군데 인터넷에 연결되는 PC를 놓아두었다. 아이들은 언제든 둘러앉아 담소를 나누거나 토론을 하고, 필요한 경우 PC로 다가가서 정보를 검색하곤 한다. 아울러 복도는 교사와 학생이 마주 앉아 상담을 하는 장소이기도 하다".[58] "독일 베를린에 위치한 에리카 만 초등학교의 복도는 일명 '거울의 방'으로, 아이들이 천장과 벽에 달린

---

57. 김수향, 「교육을 바꾸는 공간의 혁신」, 『웹진 와』 104호, 2016년 3월 9일, 수원시평생학습관.
58. 함영기, 「북유럽 아이들의 교육 경쟁력, 학교 복도부터 다르네」, 『오마이뉴스』, 2013년 2월 8일 자.

거울과 사진을 보면서 자연스럽게 이야기하며 쉴 수 있다"[59]고
한다.

이 학교들의 복도는 주목의 공간이며 친교와 어울림의 공간이
다. 이런 곳에서 조용하기를 강요받거나 벌쓴다는 건 있을 수 없
는 일이다. 우리는 외면하고 방치한 복도에서 저들 교사와 학생
들은 가능한 생활 환경을 만들어 수많은 관계와 사건들을 만들
고 해체하며 삶을 확장하고 있다.

우리나라 학생들이 "복도는 학교생활에서 통행, 쉬는 곳, 노는
곳, 수납하는 곳, 미끄럼타기, 만나는 곳, 청소하는 곳, 이야기하
는 곳, 벌서는 곳 등 다채로운 행위가 이루어지는 장으로 인식"
한다는 연구[60]가 있다. 쉬고, 놀고, 청소하고, 벌쓰는 등의 '간과
의 행위'들을 일컬어 "다채로운 행위"라고 정의하는 것은 타당해
보이지 않는다. 라또까르띠노 학교나 에리카 만 초등학교의 복도
등에서 펼쳐지는 새로운 일들이 진정 다채로운 행위다. 통행하고
쉬고 청소하는 등의 행위들을 다채롭다고 하기에는 복도에 대한
경험이 너무 부족하다. 경험이 일어나지 않는 곳은 삶의 공간이
기 어렵다.

59. 조진일·박성철, 「학교시설 업그레이드, 해외사례를 통해 배운다」, 『교육개발』
   Vol. 39, 46쪽, 2012년, 한국교육개발원.
60. 오영재, 《한국 학교조직 질적 연구》, 26쪽, 2006년, 학지사.

수상한 벌칙 수행의 공간

복도는 대체로 교실의 북쪽에 배치되어 냉난방이 따로 작동되지 않는 게 일반적이다. 교실마저 충분히 냉난방을 가동하지 않는 형편이고, 심지어 폭염에 지친 학생들이 교실에 에어컨을 좀 켜달라고 하자 뺨을 때린 교장의 이야기[61]도 있다. 이런 현실에서 복도까지 냉난방을 시원하고 따뜻하게 하는 학교는 없다. 복도는 여름엔 몹시 덥고 겨울엔 무척 춥다. 복도에서 실내화를 신지 않은 학생들을 단속하는 것으로 미루어 분명 실내인데, 실내인 듯 실내 아닌 실내 같은 수상한 공간이 학교 복도다.

"복도와 교실은 문과 벽으로 완전히 구분되어있고 못된 장난을 하면 교사로부터 '복도에 서 있어'라는 말을 듣는다. 이것이 학교에서 통용되는 벌이다. 복도는 다른 반 친구들과 선생님이 지나다니는 곳으로, 본보기로 벌을 서기에는 딱 알맞은 장소다. 수업이 진행되는 동안 복도는 아주 조용하고 썰렁하며 어두운 곳이 된다"[62]는 구도 가즈미의 말을 참고하면 학교 복도가 슬프고 우울하기는 일본이나 우리나 크게 다르지 않다.

복도의 부정적인 기능 가운데 하나가 학생들이 타인 앞에서

---

61. 2017년 6월 평택의 한 중학교에서 학생들이 "더위 죽겠다"며 수업하던 교사에게 에어컨을 켜달라고 요청했다. 교실 옆을 지나가다 이를 본 교장은 해당 학생들을 교무실로 불렀다. 교장은 "선풍기 4대를 틀었는데 뭐가 덥냐"고 태도를 지적하며 학생들의 뺨을 때렸다고 한다. 그는 결국 그 해를 못 넘기고 사직했다.
62. 구도 가즈미, 《학교를 만들자!》, 142쪽, 2009년, 퍼시스북스.

벌쓰는 인권 침해의 공간으로서 복도.

벌쓰는 것이라는 데에는 대체로 동의할 것이다. 교실에서 쫓겨난 학생들이 서 있거나 오리걸음을 걷고 '엎드려뻗쳐'를 하거나 심지어 PT 체조를 벌칙으로 수행하는 공간으로서 복도의 기능은 세대 공감을 끌어내기에 충분하다.

복도는 오랫동안 그리고 현재에도 학생들이 창피함을 무릅쓰고 벌써야 하는 인권 침해의 공간이기도 하다. 더우면 더울수록 추우면 추울수록 벌쓰는 공간으로서 복도의 기능과 효과는 높아지고 학생들의 고통과 분노는 깊어진다. 복도를 체벌 공간으로 활용하는 횟수가 많아질수록 복도는 학생들의 분노로 가득 차서 분노의 공간이 되기도 한다.

학교 복도는 빠르게 이동하는 것 말고 할 수 있는 것보다는 할 수 없는 게 더 많은 공간이다. "학생들이 모일 수 있는 장소는 거의 없으므로, 학생들은 라커룸과 바깥 복도나 계단 뒤편 등에 모여 복잡한 압력이나 비인격적인 권위로부터 도피처를 구하고 있다. 친밀한 교제는 규제되므로 학생들은 복도에서 악수조차 할 수 없다"[63]는 비판은 다른 나라의 이야기인데도 지금 우리의 현실과 일란성 쌍둥이처럼 닮았다. 예나 지금이나 학창 시절을 보낸 경험이 있다면 모두가 고개를 끄덕일 수밖에 없는 지적인 것이다.

---

63. 로버트 서머, 《개인의 공간》, 124쪽, 1987년, 기문당.

CCTV가 감시하는 공포

복도에서 이루어질지도 모르는 학생들의 '친밀한 교제와 악수'를 CCTV를 통해 철저히 감시·규제한다는 것이 과거와 다른 오늘날 학교 복도 공간의 한 특징이다. 교문 지도 혹은 등교맞이라는 이름의 불심검문을 통과해 교실 앞 복도로 들어서면 '다른 반 출입금지'가 교실 출입문에 악령 퇴치의 부적처럼 붙어있고 복도에는 CCTV가 까만 눈동자를 반짝이고 있다. 감시와 검열의 시스템이 구축된 공간이다.

감시 시스템의 확장을 꾀하는 학교들은 기본적으로 서너 개부터 많게는 수십 개의 CCTV를 복도 공간에 설치했다. 학교의 모든 공간에 무려 400~500여 개의 CCTV를 설치한 학교도 있다. 2015년 기준 95%에 이를 정도로 대부분 학교가 안전과 도난 예방을 핑계로 CCTV를 설치했다. 방범이나 안전, 도난 예방을 위한 CCTV라면 내부인을 향한 것이 아니라 낯선 외부인을 향해야 한다. 내부인 모두를 잠재적인 범죄자로 간주하지 않는다면 말이다. 내부인들이 오고 가는 실내 공간이 아니라 실외의 사각지대에 제한적으로 CCTV를 설치하는 정도면 충분하다.

학교 내부 공간인 복도에 CCTV를 설치함으로써 교사와 학생들이 누려야 할 공간의 자유를 제한·훼손하고 있다는 사실은 분명하다. CCTV를 복도에 설치하는 순간부터 그 공간의 주인은 사람이 아니라 CCTV가 된다. "공간의 주인은 사용자를 끊임없이 감시한다. 감시가 불편한 것은 피고용인으로 하여금 '다른 나'

가 되어볼 기회를 품지 못하게 하고 또 공간의 주인이 되고픈 꿈 조차 꾸지 못하게 하기 때문이다".[64]

등교맞이의 교문 입장 환영 이벤트도 5~10여 분이 지나면 이 내 들통나고 말 쇼였다는 사실을 드러내는 장치가 바로 CCTV 다. 교실 문마다 붙여놓은 '다른 반 출입금지' 스티커로 교실과 교실 간의 이동과 소통을 막아 학생들을 감금·통제하는 것으로 도 부족해 CCTV를 통해 복도를 또 다른 차원의 "감시에 대한 무한히 세심한 배려"[65]를 갖춘 공간으로서의 지위를 부여하려는 것이다.

외부인의 학교 침입으로 벌어지는 불미스러운 학생들의 안전 사고 문제는 출입 과정에서 철저히 다룰 일이다. 수업 시간을 제 외하면 늘 학생들과 교사로 북적이는, 교사와 학생들의 내밀하 고 일상적인 생활의 영역인 복도까지 CCTV를 동원한 감시 공 간으로 확장해 위협적 분위기를 조성할 일은 아니다. "비디오 감시는 '공적' 공간의 통제를 사유화하고 길거리의 민주적 기능 을 침해하는 교묘한 형태"[66]일 뿐 복도나 교실과는 어울리지 않 는다.

CCTV를 복도에 설치하는 데 집중하는 예산과 업무를 다른 관심으로 전환한다면 CCTV 설치로 감시망을 구축해 공포가 지

---

64. 이상현, 《몸과 마음을 살리는 행복공간 라운징》, 36쪽, 2015년, 프런티어.
65. 미셸 푸코, 《감시와 처벌》, 276쪽, 2003년, 나남출판.
66. 질 밸런타인, 《공간에 비친 사회, 사회를 읽는 공간》, 244쪽, 2014년, 한울아카데미.

배하는 복도 공간을 만드는 것보다 훨씬 인간적인 공간으로 변신시킬 수도 있다.

삶을 회복하게 만드는 골목길

앞서 말한 바와 같이 학교 복도에는 아무도 관심을 두지 않는다. 복도를 통하지 않고는 교사 안과 밖 어디로도 드나들 수 없지만 주목받지 못하는 공간이 복도다. 학생이나 교사들은 날마다 복도를 지나다니지만 그곳이 어떤 색으로 칠해져 있는지를 정확히 기억하지 못한다. 교실 벽이 어떤 색인지를 기억하지 못하는 것과 같다. 복도의 천장에 무엇이 달려있었는지 없었는지도 잘 모른다. 복도는 간과의 공간으로서 늘 그저 그랬다. "공공기관의 아무런 장식도 없는 긴 복도가 방문자들에게 어떠한 영향을 끼쳤는지 생각해본다면, 차갑고 비인격적인 교실과 복도가 무엇을 뜻하는지 짐작할 수 있을 것이다".[67]

희거나 우중충하게 칠해놓은 복도 벽에 생동감 넘치는 다양한 색을 입히고, 형광등과 거미줄밖에 없는 천장을 창의적인 아이디어를 모아 입체적으로 변신시키면 좋겠다. 주광색이나 주백색의 형광등만 밝혀놓기보다는 전등의 소재나 모양을 다양하게 바꾸고, 밝고 어두운 조명의 차이를 적극적으로 이용해 복도 공간

---

67. 에냐 리겔, 《꿈의 학교, 헬레네 랑에》, 227쪽, 2012년, 착한책가게.

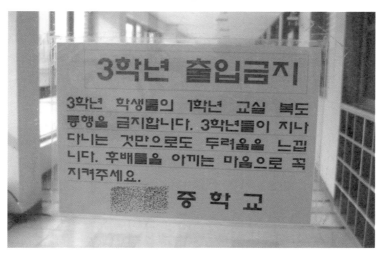

3학년들의 1학년 교실과 복도의 통행 제한을 알리는 안내문. 복도를 차단함
으로써 학년 간의 서열과 질서는 더욱 견고해진다.

목 적	학생생활지도, 화재예방 및 범죄예방 등	
촬영기간	24시간 연속촬영/녹화	
촬영범위	교내건물 내·외부	
담당부서	학생문화부 T.　　　　　　(내부)	
	시 설 팀 T.　　　　　　(외부)	

CCTV 설치를 알리는 안내판.

이 환한 빛과 적당한 어둠과 그늘이 어우러지도록 한다면 학생들은 복도에서 이전까지와는 전혀 다른 새로운 삶을 살게 될 것이다. 활동적이며 기운 넘치는 복도에는 빛이 환하고 밝아야 하고, 차분하고 고요한 대화와 진정효과가 필요한 복도는 적당히 어두운 조명이 필요하다. 그것들이 자연스럽게 이어지는 복도라면 다양한 경험들도 함께 자연스럽게 펼쳐지는 삶의 공간이 될 것이다.

생기 없는 복도 공간을 변화시키려면 핀란드의 라또까르띠노 학교나 독일의 에리카 만 초등학교처럼 다양한 활동을 할 수 있는 장치들도 마련해야 하고 그것을 지지해줄 색과 조명 등의 장치도 필요하다. 빈자리만 있으면 교실이며 복도, 계단 할 것 없이 온통 학생들의 작품(?)이나 수업 활동 결과물들을 덕지덕지 걸고 붙이는 일은 지양해야 한다. '담배를 피우지 맙시다' 같은 계몽적 글귀를 곳곳에 부적처럼 붙이는 것도 재고해야 한다. 학교 안팎을 거대한 누더기 게시판이나 계몽의 전당으로 만들 생각이 아니라면 말이다.

학교 복도에서 CCTV 감시가 가능한 이유는 복도가 매우 길고 네모난 모양을 하고 있어서다. 한눈에 전체를 다 볼 수 있다. 복도의 길이가 짧고 자주 모퉁이를 돌아야 하거나 휘어지고 꺾어진다면 CCTV는 그런 기능을 제대로 수행하기 어렵다.

우리나라 학교는 구조상 일자형 복도의 직선 길이가 수십 미터에서 $100m$가 넘는 학교가 많다. CCTV 감시를 최적화할 수 있는 구조며, 학교들이 CCTV 설치에 매력을 느끼는 이유다. 일자

형 구조여서 굳이 CCTV를 동원하지 않더라도 사람의 눈으로도 충분히 한눈에 조망하고 감시할 수 있다. 그럼에도 기계적 장치를 동원하는 것은 사람의 눈은 단속적인 데 비해 CCTV는 지속적인 감시와 위협 효과를 얻을 수 있기 때문이다. 복도에 CCTV 설치를 찬성하는 이들이 그럴싸하게 포장해 주장하는 것과 같은 무슨 대단한 교육적 효과나 이점은 없다. 정말 그런 효과나 이점이 있다면 복도 공간에만 설치할 게 아니라 모든 학생에게 개인형 CCTV를 블랙박스처럼 일일이 하나씩 달아주고 감시토록 하는 게 효과적일 것이다. 생각만 해도 끔찍하다.

영화 '여고괴담'에서 귀신이 쿵쿵쿵쿵 4단 뛰기를 하며 카메라 앞으로 달려들어 보는 이들의 간담을 서늘하게 했던 공간도 길고 네모 난 학교 복도였다. 복도의 한쪽 끝에 서서 $100m$가 넘는 길고 아득한 저쪽 반대편까지 바라보고 있으면 막연한 두려움 같은 것이 생긴다. 긴 어둠 같기도 하고 깊은 수렁 같기도 하다. 비명이나 절규 같은 게 들리는 듯도 하다.

학교 복도 공간이 단절과 감시의 블랙홀이 아니라 멈추고 모이는 활동이 자연스러운 흐름으로 이어지고 삶을 확장하고 성장할 수 있는 생활 공간이 되었으면 싶다. "학교에서 개선해보고 싶어 하는 공간 중 가장 많은 경우가 복도 구간"[68]이라는 건축가의 고민이나 "중앙집중식 권력인 복도를 파괴하면 학교의 형태는 자유롭게 변하기 시작한다"[69]는 지적 등에도 귀를 열어 충분히 돌

---

68. 조재원, 《어울림의 공간이 곧 배움의 공간》, 32쪽, 2017년, 씨프로그램.
69. 조후, 「교육 권력과 학교건축」, 17쪽, 『민들레』 78호, 2011년, 민들레.

삭막함을 덜어보려고 학생들이 그린 그림으로 벽면을 채운 학교의 복도.

아보고 새로운 공간을 마련하려고 모색해야 할 때가 되었다.

학생들에게 '복도에서 뛰지 말라'고 목청을 높이고 학급회의까지 열어 복도에서 뛰어다니지 않는 방법에 관해 토론하라고만 강요하는 일도 그만해야 한다. 질주 본능을 자극하도록 일자 형으로 곧게 만들어놓은 복도 공간의 다른 형태에 대한 고민은 전혀 하지 않으면서 학생들에게만 책임을 떠넘기는 것은 옳지 않다. 학생들이 놀고 쉬고 걸으며 어우러져서 생활할 수 있는 복도를 만들려는 학교와 교육 당국의 고민과 노력 부족이 근본적 직무 유기였다는 것을 이제라도 깨달아야 한다.

복도는 학교 실내 공간의 골목길이면 참 좋겠다. 학생과 학생, 학생과 교사가 자연스럽게 만나고 소통하고 어우러지는 골목길, 구부러지고 펴진 길들이 자연스럽게 이어지고 섞여서 무기력한 학생과 교사의 영혼에 활기와 평온을 불어넣어 삶을 회복하게 만드는 골목길, 복도가 바로 그런 공간이 되었으면 싶다.

3부
건물 밖으로 나오면

운동장, 축구 말고 뭘 할까?

남학생만의 광장

학교 운동장 하면 누구나 떠올리는 이미지는 대략 다음과 같다. 네모나고 커다랗고 황량한 공터와 그 한쪽 구석에 운동기구나 놀이기구 몇 개와 모래판, 양 끝에 하나씩 설치한 축구 골대, 구령대를 중심으로 좌우로 늘어선 스탠드. '운동장 공식'이라고 불러도 거리낌이 없을 이러한 배치는 학교건축을 병영건축이라고 부를 수밖에 없도록 만드는 역할을 한다. 군사훈련이나 군기 확립이라는 이름의 집단 얼차려 등의 목적으로 사용하는 군대 연병장을 그대로 옮겨놓은 공간 배치기 때문이다. 전체가 집합해 집단적 행위를 하려면 운동장은 크고 넓어야 하며 비어있어야 한다. 그래서 우리는 세대를 넘어 학교 운동장은 황량하고 빈 곳이어야 한다고 세뇌되어왔다.

우리가 흔히 운동장이라고 부르는 공간의 법률상 명칭은 '(실외) 체육장'이다. '운동장'과 '체육장', 이 명칭들은 운동장이 운

구령대와 스탠드, 축구 골대 등 가장 기본적인 형식을 갖추고 있는 보통 학교들의 운동장.

동이나 체육 활동 중심의 공간이라는 의미다. 교사와 학생이 모여 교수학습 활동을 하는 학교공간을 일컬어 교실이라고 하는 것과 달리 운동장은 체육 수업뿐만 아니라 다양한 교육 활동이 이루어지는데도 불구하고 교실이라는 이름과 지위를 얻지 못했다. 수업을 위한 교실이자 확장된 개념의 야외 공간이라는 생각보다는 운동이나 체육에만 국한된 공간인 것처럼 인식되어온 것이다. 학습이 이루어지는 공간과 놀이·휴게 공간이 따로 있다는 생각 자체가 부자연스럽다. 학습은 어디에서든 이루어진다.

교실에서 떠드는 학생들에게 교사들이 흔히 하는 말 가운데 '운동장에 나가서 떠들어라!'라거나 '운동장에 나가서 놀아라!'와 같은 말이 있다. 운동장은 나가서 떠들고 놀기 좋은 곳이라는 막연한 인식을 노골적으로 드러낸 말이다. 식물이 자라기에 적절한 환경도 갖추지 않았고 변변한 놀이 시설이나 휴게 시설이 없는 운동장에 무조건 나간다고 해서 저절로 놀이와 휴식이 이루어지는 게 아니다. 그런데도 운동장은 떠들고 놀기 좋은 곳이라는 생각은 견고하다. 이는 운동장과 교실의 지위가 다름을 상징적으로 나타내며, 운동장은 교실과 달리 떠들고 소리치는 것이 가능한 수다와 놀이의 공간임을 알려주는 표현이기도 하다.

운동장이 교실보다 나은 공간으로 대접받는 날은 운동회나 체육대회, 졸업식이나 입학식 같은 집단의식을 치를 때다. 애국조회나 교련 사열 같은 군사적, 집단적 종목들을 운동장에서 펼치던 시절에는 대접받는 횟수가 좀 더 많았다. 여전히 학교 운동장은 연병장이라는 병영건축의 특성에서 그리 멀리 달아나지 못한 셈이다.

할아버지부터 손자에 이르기까지 세대를 막론하고 학창 시절 학교 운동장에서 경험한 일들은 대체로 비슷하다. 구령대 위에서 교사가 명령하면 건너편 축구 골대를 돌아 선착순으로 들어오는 등의 단체 기합 벌칙을 받았던 일이며, 아무도 귀 기울여 듣지 않는 교장 선생님의 훈화 말씀이 다 끝날 때까지 더위와 추위를 견디며 부동자세로 서 있어야 했던 애국 조회, 전교생이 군인이 되어 제식훈련과 총검술을 했던 교련 사열, 만국기가 하늘에 펄럭이던 운동회 그리고 축구, 농구 같은 구기 중심의 공놀이를 하던 일 등이 그것이다.

황량하고 텅 빈 운동장에서 할 수 있는 운동·체육 활동이 공을 가지고 활동하는 구기 종목이나 뛰고 달리는 육상 종류의 활동 말고는 별다른 게 없었다. 근래 초등학교에 수영 수업이 도입되어 운동장을 벗어나는 등 체육 수업의 내용과 활동이 이전보다 좀 더 다양해지긴 했으나 여전히 하나뿐인 커다랗고 평평한 운동장에서 학생들이 대소집단으로 활동하는 모습은 크게 변함이 없다.

남학생들은 축구공 하나면 하루 종일 체육 수업을 해도 괜찮다고 말한다. 초중고교 12년간 학교 운동장에서 제일 많이 한 운동이 공 하나를 두고 패를 갈라 달리며 운동장을 누비는 축구라고 해도 틀린 말은 아닐 테다. "한국의 중학교의 체육장은 대부분이 축구를 위한 공간 구성 및 100m 직선 트랙을 갖추고 있으며, 반면에 일본의 경우 테니스 코트, 축구장, 야구장, 100m 트랙

운동장에서 공놀이를 하는 학생들. 축구나 농구 등의 구기 종목 중심인 운동장.

을 갖추고 있는 것으로 조사되었다"[1]는 연구 자료가 이를 잘 증명한다. 학생이 모두 축구선수가 되어야 할 것처럼 축구에 매진할 수밖에 없었던 이유가 별다른 장치도 없고 다양한 활동을 하기에도 적절하지 않도록 설계한 운동장의 공간적 조건 때문이었다. 온 국민이 '대~한민국'을 외치며 하나가 되어 월드컵이나 K리그 같은 축구경기에 열광하고 환호하는 것도 따지고 보면 학교 운동장의 공간적 조건 때문에 학습된 현상이라고 할 수 있다.

안타깝게도 이 격렬한 구기 종목에서 여학생은 배제되기 일쑤였다. 여학생은 운동 행위의 주체이기보다는 심드렁한 구경꾼이거나 열렬한 응원단의 역할을 주로 맡아야 했다. 그로 인해 운동장은 남학생(남성) 중심의 공간으로 정체성을 굳혔다. 근대 최초의 학교가 여성을 배제한 남성만의 공간이었음을 상기하면 운동장의 남성 중심적 성격은 더욱 분명해진다. 운동장은 여학생과 장애 학생에게까지 활짝 열린 공간이어야 하는데 그렇지 못한 현실은 새로운 고민과 성찰이 필요함을 역설한다. 그나마 운동장에서 축구를 하는 데에도 학년과 선후배의 위계와 질서가 앞선다. 운동장에서 축구를 하는 데에도 권력과 서열이 작동하는 것이다. 3학년이 공을 차며 달리는 운동장에 1학년은 감히 끼어들수가 없다.

---

1. 박성철 외, 『한·일 중학교의 공간 구성 비교 연구』, 392쪽, 2013년, 한국교육개발원.

하나의 운동장을 여러 개로

네모반듯하며 넓고 황량한 하나의 공간에서 구기 종목 중심의 활동이 이루어지는 우리의 학교 운동장과 달리 북유럽 국가들에서는 새로운 움직임이 진행되고 있다. 운동장을 다목적 공간으로 바꾸거나 다른 야외 활동을 위한 공간으로 구역을 구분하는 등 입체적으로 배치·구성하는 것이다. 기술놀이교육 연구가 김성원 소장은 "덴마크의 학교 운동장 혁신 사례들을 살펴보면 바닥 도색, 바닥 포장, 때로는 높고 낮은 턱 또는 펜스 등을 이용하여 운동장 구획을 나누었"으며 "무엇보다 구기 종목을 위한 평면 운동장을 아이들의 디자인 요구를 참조하여 입체적이고 다채로운 놀이 요소들과 공간으로 구성했다는 점, 운동장을 야외 라운지처럼 쉴 수 있는 그늘과 앉을 자리들을 충분히 만들어 만남과 소통의 장소로 만든 점" 등에 주목했다. 덴마크에서는 2010년부터 '학교 운동장의 봄' 프로젝트라는 이름으로 이를 진행하고 있다고 한다. 또한 "독일에서도 최근 기존의 획일적인 운동장을 텃밭, 정원, 야외 학습장, 운동장, 놀이터, 휴식 공간, 산책로를 통합한 통합운동장으로 바꾸는 사례들이 늘고 있다"[2]고 그는 소개했다. 운동·체육 말고는 따로 할 것이 분명하지 않았던 평면적인 운동장이 여러 성향의 학생이 다양한 활동을 하거나 쉴 수 있는 입체적 공간으로 변신하고 있는 것이다.

---

2. 김성원의 페이스북 글 참조.

국내에서는 상주 내서중학교가 이와 유사한 시도를 하고 있다. 내서중은 기존의 큰 운동장을 여러 개의 구장으로 나누었다. 작은 축구장, 천연 잔디 풋살장, 농구 배구 등 다양한 경기를 할 수 있는 스포츠 바닥재의 다목적 구장으로 구성했다. 구기 종목 중심의 배치이기는 하나 축구 하나만의 공간이 아니라 다양한 종목으로 구역을 나누었고, 다목적 구장을 통해 구기 종목이 아닌 활동도 가능하도록 보완한 것이다. 여기에 보태어 운동장 한편의 소나무 숲을 활용하여 트리하우스를 만들었다. 운동장과 소나무 숲을 자연스럽게 연결·공유하는 의미 있는 공간으로 탈바꿈시킨 것이다. 이 과정에서 공간의 주체인 학생들과 함께 작업을 진행한 것도 이채롭다.

학교 운동장에서 하나 더 주목해야 할 것이 있는데 바로 계단식 관람석, 스탠드다. 스탠드는 경기장이나 군대 연병장, 학교 운동장에 설치하는 게 일반적이다. 학교에서는 일 년 내내 거의 방치되어 있다가 운동회나 재난대비 훈련 같은 몇 번 안 되는 전교생이 집합하는 행사에서나 겨우 소용되는 가장 쓸모없는 공간이기도 하다. 전교생을 한 곳에 흩어지지 않도록 모아서 통제하기 쉽도록 질서정연하게 구분해 앉힐 수 있는 공간이 스탠드다.

초중고교의 학교 운동장에서 전국대회나 국제대회 수준의 경기나 이벤트가 수시로 열려서 대규모 관중이 모여 앉을 자리가 필요한 것도 아닌데 학교 운동장에 작지 않은 규모의 스탠드를 하나같이 설치한 이유는 무엇일까.

병영건축이라는 오랜 관행의 답습이라고 보는 게 옳을 것 같

구역을 나누고 색채를 달리해 다양한 활동이 가능하도록 만든 덴마크의 학
교 운동장.

다. 운동장 공간의 실제 활용과 배치 등을 고민하고 설치 여부를 결정한 것이 아니라 학교 운동장에는 무조건 스탠드를 설치해야 한다는 해묵은 관행을 생각 없이 따랐기 때문이다. 마치 운동장은 반드시 네모반듯한 모양이어야 한다고 생각하는 것과 같다. 좀 찌그러진 모양의 네모여도 괜찮고 세모나 마름모 같은 모양이어도 운동장으로서 효과적인 기능을 수행할 수 있겠다는 생각은 없는 것이다. 건축가들이 "정방형의 운동장을 버린다면 학생들이 휴식을 취한다거나 다양한 활동을 할 수 있는 야외 공간을 훨씬 더 다양하게 만들 수 있지 않을까."[3]라며 네모난 사각형 운동장을 고집하는 학교건축의 그릇된 행태를 지적할 정도니 말이다.

실제로는 거의 이용하지 않는 형편이라 관리도 제대로 하지 않아서 부서지거나 깨지는 등 흉물스럽게 방치된 학교 스탠드도 흔하다. 운동장 한가운데를 차지하던 부적절한 권위와 구시대의 상징이었던 구령대를 없애는 흐름이 시작된 것처럼 스탠드도 없애는 방향으로 운동장 공간의 고정된 형태와 배치를 깨트릴 필요가 있다. 학생들이 운동장에서 휴식과 놀이를 즐길 수 있는 다양한 편의 시설이나 놀이·휴게 시설을 스탠드 대신 마련하는 것도 새로운 방편이 될 수 있다. 교실 밖 교실이자 야외 공간으로서 운동장의 기능을 좀 더 확장할 수 있을 것이다.

---

3. 나은중·유소래,《교육 공간의 새로운 발견》, 35쪽, 2017년, 씨프로그램.

인간과 자연의 관계 확장

운동장은 근대 학교가 생긴 이래 신체·체력을 단련하는 공간으로서 기능했다. 학생들의 건강한 신체를 만드는 일종의 피트니스 센터와 같은 역할을 맡았다. 일제강점기에 "운동장에서는 황국신민체조, 검무, 열동 분열이 실시되었다"[4]는 기록도 보인다. 황국신민으로서 신체를 단련하여 진충보국해야 한다는 의미를 담은 것들이었다. 운동장의 이 같은 기능은 운동회를 통해 구체적으로 형상화되었다. 지금 우리의 초중고교에서 실시하는 운동회(체육대회)의 기원은 "1874년 도쿄 쓰키지의 해군학교 기숙사에서 개최된 '경투유희회競鬪遊戲會'"[5]로 추정한다. 이후 소학교, 중학교에 운동회라는 이름으로 일본 전국에 보급되었다. 조선에서 "근대식 운동회가 처음 실시된 것은 1896년 5월 2일, 영어학교 학생들이 야유회 성격으로 행한 화류회花柳會였다"[6]고 한다.

오늘날 운동장은 운동회를 통해 반드시 상대편을 이겨야 한다는 우승과 승리에 대한 욕망이 지배하는 공간으로 변했다. 청백으로 편을 나누거나 학급별, 학년별로 구분해서 점수를 다투는 경쟁적 종목들로 치러지는 오늘날의 운동회는 경쟁적·단체적 성격이 짙은 생존경쟁의 각축장이 되어버렸다. 학급이나 학

---

4. 김진균 외, 〈일제하 보통학교와 규율〉, 《근대주체와 식민지 규율권력》, 108쪽, 1997년, 문화과학사.

5. 요시미 슌야 외, 《운동회》, 22쪽, 2007년, 논형.

6. 이승원, 《학교의 탄생》, 187쪽, 2005년, 휴머니스트.

년으로 '조각난 우리'끼리 누리는 잔치가 되었다. 운동장은 협동과 협력, 나눔과 어우러짐 같은 축제의 공간이 아니다. 오직 실전에서 이기기 위해서 운동회 전날까지도 방과 후에 남아서 학생들이 경기 연습을 하는 열정을 보이는 것도 학교에서는 흔한 풍경이다. 텅 비어있던 황량한 운동장이 학생들로 붐비는 순간이기도 하다. 운동장은 근대적 의미의 체력단련 공간이거나 상대를 이겨야 한다는 경쟁심의 강박의식이 작용하는 곳이 아니라 놀이와 학습, 생태와 자연 탐구, 관계 맺기 등 종합적 공간이어야 한다.

농경 중심이던 시절에는 학교 안에 따로 농토를 마련하거나 농경적 환경 공간을 만들 이유가 없었다. 광활한 학교 운동장은 축구공 하나만으로도 체육 활동의 공간으로 충분했을 수 있다. 그러나 산업화·도시화가 성큼 진행된 오늘날의 학교 운동장은 농경문화 체험과 생태, 생명, 환경 교육의 최적지로 변화하고 있다. 이미 그러한 변화를 시작한 학교도 제법 생겨났다. 운동장을 비워두는 것이 아니라 다양한 층위의 공간으로 나누고 새롭게 채우려는 발상의 전환이 필요한 때에 이른 것이다.

황량하고 넓기만 한 운동장이 나무가 울창하고 꽃이 아름다운 숲처럼 변하고, 운동장 주변으로 학생들과 교사들이 삼삼오오 거닐 수 있는 오솔길(둘레길)이라도 만들어 자연과 인간의 관계와 경험이 확장될 수 있다면 더욱 좋겠다. "공간을 거니는 것은 삶을 거니는 것이다. 공간을 향기 맡고, 듣고, 만지는 것은 삶을 향기 맡고, 듣고, 만지는 것이다."[7]라고 했으니 학교에서는 운

동장이 그런 역할을 하기에 가장 자연스럽고 맞춤한 공간일 듯
싶다.

---

7. 김종진, 《공간 공감》, 338쪽, 2011년, 효형출판.

'사열대-조회대-구령대', 명령과 감시는 이제 그만

국어사전에는 아직도 '사열대'만

학교공간 가운데 최근 직접적인 변화의 흐름을 타고 있는 대표적인 곳이 있다. 바로 사열대-조회대-구령대[8] 등으로 부르는 공간이다. 시대의 변화, 학교 환경의 변화로 일찌감치 기능이 소멸했으나 사라지지 않고 끈질기게 남아있는 공간이기도 하다. 물론 근래에도 여전히 녹슨 철제 조회대를 튼튼하고 안전한 스테인리스 조회대로 교체했다고 자랑하는 내용을 학교 홈페이지에 올린 어느 국립대 사범대학 부속고등학교 같은 학교도 많다.

교사들이 등굣길에 교문으로 들어오는 학생들의 경례를 받던 공간, 일본 제국주의와 군사정권의 기호가 일치했던 교련 군사훈련 때 교장이 전교생의 사열을 받던 공간, '애국 조회' 때 오

---

8. 같은 공간이지만 각각의 용어마다 사용 시기별로 조금씩 다른 의미를 지니고 있다. 이 글에서는 학교에서 사용 순서의 변화 차례에 따라 '사열대-조회대-구령대'를 하나의 용어로 쓴다.

와 열을 맞추어 운동장에 서 있는 전교생 앞에서 '교장 선생님 훈화 말씀'을 위한 제단으로 기능했던 공간, 운동회 때 학생들이 일사불란하게 움직이도록 지시하는 교사의 공간이 바로 사열대-조회대-구령대다.

사열대-조회대-구령대로 호칭은 변해왔지만 그 기능과 쓸모가 처음부터 학교에는 가당치 않은 것이었다는 것을 지금은 제법 많은 사람이 알고 있고 공감한다. 학교의 공간 구조와 군부대 배치가 같은 모습에서 교문은 위병소, 운동장은 연병장, 교실은 막사와 등치 한다는 발견도 이제는 새롭지 않다. 사열대라는 이름 앞에 학교에서 군복 대신 교련복을 입은 학생들이 진짜 총칼 대신 나무나 고무로 만든 총검을 들고 사열을 위해 분열하던 일이 불과 30여 년 전이다. 지금도 표준국어대사전에는 '사열대'만 올라있고 구령대나 조회대는 없다. 어쩌면 이것은 일제 군국주의와 군사독재 시절의 사열이 얼마나 확고한 정체성의 시스템으로 우리에게 주입되었는지를 확인케 하는 증거라고 할 수도 있다.

주5일 수업의 시작과 교육과정의 변화로 전교생을 운동장에 모아놓고 벌이는 '애국 조회'도 불가능해진 지 10여 년의 시간이 흘렀다. 덕분에 학생들은 춥고 더운 날 운동장에 모여서 '끝으로'를 한없이 길게 이어붙이며 쉽게 끝나지 않던, 학생 하나가 쓰러져도 그대로 이어지던, '교장 선생님의 훈화 말씀'을 더 이상 듣지 않아도 된다. 운동회나 체육대회 같은 행사 때 학생들의 경기와 행동을 지시·통제하는 기능은 아직 일부 남아있으나 사열대-조회대-구령대로서 무시무시하고 막강했던 기능은 이제 학교

에서 자리를 잃어가고 있다고 할 수 있다.

사열대-조회대-구령대는 사실 학생들의 공간, 학생들이 이용할 수 있는 공간이 아니었다. 사열대-조회대-구령대는 학생들이 시끄럽게 떠들며 놀거나 침범·훼손해서는 안 되는 교장과 교사의 권위적 공간으로 군림하며 기능했다. 학생들을 지배·감시하고 지시·명령하는 공식적인 중앙 공간으로 운동장 가운데에 우뚝 자리 잡고 있었다.

사열대-조회대-구령대에 발을 딛고 올라설 수 있는 학생은 아주 예외적이며 제한적인 경우였다. 이를테면, 사열식에서 학생 연대장이 되어 전교생을 지휘하거나, 상이나 임명장 등을 받기 위해 오르거나('단상'이 바로 이 사열대-조회대-구령대 위를 일컫는 말이다), 입학식이나 졸업식에서 학생 대표 선서나 송사 혹은 답사를 하게 되는 경우 등이 해당한다. 그 밖의 학생들에게는 학창시절 동안 한 번도 오를 수 없거나 절대로 올라서는 안 되는 금지 구역이 사열대-조회대-구령대였다.

사열대-조회대-구령대에서 학창 시절의 향수를 느끼는 어른들이 일부 있겠지만, 오늘날 학교에 다니는 학생들에게 사열대-조회대-구령대는 왜 있는지 잘 모르겠는 학교 안의 한 공간일 뿐이다.[9] 사열대-조회대-구령대라는 이름조차도 오늘날의 학생

---

9. 주5일 수업제의 시행과 교육과정 변화로 전교생을 운동장이나 강당에 모아놓고 하던 애국 조회를 더 이상 할 수 없는 상황이 되었다. '조회대'에서 전교생 앞에서 무게 잡고 일제 식민의 잔재인 '훈화 말씀'을 하고 싶은 교장들은 아직까지도 조회대와 애국 조회에 대한 미련을 일부 버리지 못하고 있다는 이야기도 들린다.

사열대-조회대-구령대로 이름이 바뀌어 온 곳. 아직도 국어사전에는 '사열대'라는 이름만 올라가 있다.

들에게는 낯설고 생소하기만 하다.

명령·군림하는 구령대 없는 학교

이러한 학교 분위기와 시대적 상황을 파악한 일부 시도교육청
에서는 2~3년여 전부터 사열대-조회대-구령대를 해체하려는 작
업을 시도하고 있다. 기존의 사열대-조회대-구령대를 학생들의
놀이나 휴식을 위한 공간으로 전환하는 곳도 있고, 새로 짓는 학
교 운동장에는 아예 사열대-조회대-구령대를 설치하지 않는 방
식을 이용하기도 한다.

2015년 인천광역시교육청이 "권위주의 상징이며 일제 잔재인
학교 구령대를 없애고 신설 학교부터 구령대를 빼고 설계"[10]한다
고 밝힌 것이 전국 시도교육청 차원에서는 최초의 일로 확인된
다. 그 뒤를 이어 2016년 경기도교육청이 "일제 군국주의 잔재인
구령대를 정비해 학생 교육 공간이나 휴게 공간 등으로 활용할
계획"[11]을 내놓았다. 또한 "2016년 말까지 학교별 구령대 현황과
활용계획을 파악한 뒤 시범사업으로 25개 학교에 사업비를 지원
하고 점차 확대할 방침"까지 세웠다. 그러나 이는 예산 문제로 없
던 일이 되어버렸고 처음의 의욕적인 모습은 잦아들고 적극적인
후속 조치마저 미흡한 실정이다. 2017년에는 충청남도교육청이

---

10. 인천광역시교육청, 2015년 11월 1일.
11. 경기도교육청, 2016년 8월 12일.

"사열대를 신설·이전·개축하는 학교에는 미설치, 기존 학교는 학습 공간이나 휴게 공간으로 조성, 노후 사열대는 단계적 철거"[12] 방침을 천명했다. 인천과 경기의 동향을 알고 영향을 받은 것으로 보인다.

인천과 경기에서는 '구령대'라는 용어를 사용하고 충남에서는 '사열대'라고 한 것도 나름 이채롭다. 아직은 3개 시도교육청에 불과하지만 시간이 좀 더 지나면 더 많은 시도교육청과 단위 학교에서 이러한 생각의 변화와 실천의 움직임을 보이게 될 것으로 생각한다.

학생들을 군인처럼 생각하고 그들을 감시·감독, 명령·억압·통제하기 위해 설치했던 군국주의와 군사주의를 상징하는 사열대-조회대-구령대는 21세기 학교에서는 사라지는 게 옳다. 학교는 군대가 아니며 학생들은 군인이 아니다. 학교에 있어서는 안 되는 공간을 그대로 둔 채 명칭만 바꾸거나 기능을 일부 조정하는 변화만으로는 부족하다. 다만 당장 없애기에 몇 가지 어려움이나 문제가 있다면 단계적 철거를 전제로 하고, 이를 학생들이 자유롭고 마음껏 이용할 수 있는 쉼터나 휴게 공간, 놀이 공간 등으로 바꾸면 된다. 학교 분위기 변신과 학생들의 관계 맺기를 촉진하고 정서를 환기하는 효과를 얻을 수 있을 것이다.

사열대-조회대-구령대에 알록달록한 테이블 몇 개, 의자나 소파(스툴) 몇 개를 두는 건 아주 쉽고 간단한 일이다. 바닥 전체에

---

12. 충청남도교육청, 2017년 9월 1일.

마루를 설치하거나 평상 몇 개만 놓아도 어느 호텔 라운지나 카페 부럽지 않은 학생과 교사의 야외 휴식 공간을 만들 수 있다. 피아노를 내놓아 음악당처럼 꾸민 학교도 있다. 무엇보다 학생들이 사열대-조회대-구령대를 어떤 공간으로 활용하고 싶은지 그들의 이야기에 귀를 기울이는 게 가장 먼저 할 일이다. 그들이 원하는 공간이 최고의 공간이다.

사열대-조회대-구령대를 다른 공간으로 바꾸거나 새롭게 활용하는 것은 아직 초보적 단계에 머물고 있다. 그것을 없애거나 설치하지 않겠다는 생각 역시 마찬가지다. 사열대-조회대라는 이름은 어쩔 수 없는 시대의 물결과 교육 환경의 변화로 사라졌다. 하지만 여전히 '구령대'로 남아 지휘자의 말투로 명령하며 목소리를 높이고 학생들에게 복종과 순응을 요구하고 있다. 마치 변화무쌍한 친일파의 모습을 보는 듯하다.

명령하고 군림하는 망루는 삶의 공간이 되기 어렵다. 오히려 삶에 상처를 입히고 훼손하기까지 한다. 목청 높여 복종을 명령하는 공간 대신 토닥토닥 속삭이거나 수다스럽고 유쾌한 공간이 학교에는 더 많아야 한다. 강제로 학생들을 한곳에 모아 무언가를 명령하고 세뇌하는 공간이 아니라, 학생들이 자발적으로 모이고 그 안에서 그들 스스로 즐겁고 행복해지도록 만드는 공간이어야 한다.

급식실, 인간에 대한 최소한의 예의

집단 사육장

학교에서 급식 시간은 '전쟁'이다. 먹고 살기 위해 급식실로 향하는 학생들의 전력 질주가 이어진다. 그날그날의 식단도 학생들이 좋아하는 게 있는가 하면 영 질색인 반찬도 있어서 호오好惡가 분명한 학생들은 그런 날은 급식 대신 매점으로 향하기도 한다. 물론 대부분 학생은 급식실 앞에 줄을 서고 기다렸다가 차례대로 식판에 밥과 반찬을 담아 친구들과 나란히 앉아서 점심 한 끼를 채운다.

이렇게만 보면 아주 평화롭고 즐거운 급식 시간인 듯하다. 그러나 조금 더 들여다보면 급식실은 학생들이 평화롭고 즐겁게 밥을 먹기에 그리 호락호락한 공간이 아니라는 사실을 확인하게 된다.

학교 급식실은 일종의 집단 사육장 같다. 수십·수백 명이 나란히 마주 앉도록 배치된 아주 크고 네모반듯한 테이블은 닭들

수십 수백 명이 나란히 마주 앉도록 배치된 급식 테이블은 사람으로서 환대
받기 어려운 급식실의 공간적 조건을 잘 드러낸다.

이 일렬로 나란히 늘어서 앉아있는 닭장을 생각나게 한다. 학생들과 함께 급식실에서 밥을 먹을 때마다 떨쳐지지 않는 느낌이다. 여러 명이 각각 일렬횡대로 늘어선 케이지 속 닭들처럼 앉아서 일제히 수저질하는 모습은 닭장 속의 닭들이 옴짝달싹 못 하고 머리만 겨우 움직이며 모이를 먹는 장면과 아주 많이 닮았다. 마치 학생들이 사육을 당하고 있는 것 같은 착각마저 드는 장면이다.

급식실은 많은 인원이 한꺼번에 일제히 밥을 먹어야 하는 공간이다. 그러다 보니 '밥 먹는 일' 말고는 다른 공간적 삶의 조건을 거의 갖추지 않고 있다. 진동하는 음식 냄새와 칙칙하고 우울한 색깔의 테이블과 의자 말고는 없다. 옆자리와 앞자리에 앉은 친구가 친한 친구일 수도 있지만 그렇지 않을 수도 있다. 어색하게 앉아 밥을 먹는 동안 대화 한마디 없이 수저질만 하는 일도 흔하다. "신체 간의 거리는 반드시 심리적인 거리와 비례하지 않는다."[13]라는 말은 이럴 때 아주 딱 들어맞는다. 반면에 "식탁은 오늘이 한 번밖에 없다는 것을 가르쳐주는 그림이 그려진 캔버스 같은 것이다. 그려진 그림은 그날 중에 사라져버리지만, 식탁을 함께한 사람들 머릿속에는 무엇과도 바꿀 수 없는 추억이 새겨진다"[14]는 말과는 통하지 않는 공간이기도 하다.

---

13. 김종진,《공간 공감》, 104쪽, 2011년, 효형출판.
14. 요시모토 바나나,《매일이, 여행》, 160쪽, 2017년, 민음사.

급식 감수성

가장 원초적이고 본능적인 기능에만 집중한 공간이 바로 급식실이다. 가급적 서둘러서 먹고 최대한 빨리 자리를 비켜주기 위해 벗어나야 하는 공간이다. 그곳에서 무엇과도 바꿀 수 없는 추억 따위를 새기거나 나눌 틈은 없다. 때문에 급식실은 더 많은 원초적이고 본능적인 공간의 조건을 갖추어야 하고 충분히 누릴 공간적·시간적 머묾을 제공해야 한다.

지금의 급식실은 집단성, 획일성, 수용성에만 집중했다. '먹는 것'과 '먹는 문화' 그리고 '먹는 사람'에 대한 이해나 감수성은 물론 예의도 없다. 친구들과 오붓하게 둘러앉아 담소를 나누며 밥을 먹는 일은 애당초 불가능하다. 성시를 이룬 5일장 같은 소음이 난무하는 공간에서 얼른 먹고 일어나야 한다.

학교에서 급식 시간은 다음 수업으로 건너가기 위한 도구일 뿐이어서 겨우 50분이나 한 시간 남짓하다. 실제로 밥을 먹는 시간은 10~20분이다. 그 사이 학생들은 줄을 서고 배식을 받아, 먹고 식판을 반납하고 나와야 한다. 늦게 줄을 서는 학년은 식사를 다 마칠 즈음 5교시를 알리는 종소리를 듣게 된다.

급식을 먹으려고 급식실 앞에 줄을 서는 데에도 나름의 질서가 있고 권력이 작동한다. 성적순으로 급식의 우선권을 주어 크게 논란이 일었던 반인권적 사건이 실제로 있었고, 교복 제대로 입기와 같은 학교 규칙을 잘 지킨 학급에 우선권을 주는 이상한 학교는 지금도 있다. 학교에서 밥 한 끼 먹는 일이 절대 호락호락하지 않다.

식판에 밥을 받기 위해 줄을 서 있는 학생들.

서열만 있고 관계는 없는

대체로 중고교의 경우 3학년이 제일 먼저 급식을 먹고 2학년, 1학년의 차례로 뒤를 잇는다. 학년에 따른 권력 서열의 차례대로 급식을 먹기 위해 기다리는 학생들의 모습을 소설가 김진나는 다음과 같이 정확하게 묘사한다. "종이 울렸다. 아이들이 우르르 나갔다. 급식실에는 3학년이 먼저 갔다. 2학년은 줄 서는 곳에 가서 줄을 섰다. 3학년이 내려가면 2학년이 내려갔고 1학년이 마지막으로 뒤따랐다. 수저를 들고 식판에 밥과 국과 반찬을 받았다. 낮은 등받이가 있는 의자는 긴 식탁과 일체형이었다".[15]

그러니까 학년이 높은 순서, 학교 안에서 권력의 우위를 누리는 학년의 학생들부터 밥을 먼저 먹을 수 있다. 약자에 대한 배려보다는 강자를 우선하는 생태계 질서가 학교 급식실 앞에서도 펼쳐진다. 1~2학년 학생들에게는 너희도 3학년 되면 가장 먼저 먹을 수 있다는 논리가 뒤따른다. 최고 학년인 강자가 되면 급식을 1등으로 먹는 권리를 누릴 수 있으니 지금은 좀 불행해도 참으라는 식이다. 현재의 모든 행복을 대학 입학 이후로 미루고 지금 고생하라는 학교의 주문과 일치한다. 먼 미래에 대한 기대로 현재를 소홀히 하지 말라는 가르침Carpe Diem이나 먼 미래가 아닌 바로 지금 행복해지자고 주장하는 욜로YOLO, You Only Live Once적인 삶과도 거리가 먼 생각이다. 지금 함께 행복할 방안을

---

15. 김진나,《소년아, 나를 꺼내줘》, 147쪽, 2017년, 사계절.

찾으려는 고민이 없기 때문이다. 학년이 고루 섞이고 어울려서 함께 밥을 먹는 장면은 학교에서 시도조차 하지 않는다. 서열만 있고 관계는 없다.

학교의 본령은 수업과 공부에 있기 때문에 밥을 먹는 일은 그 보다 중요하지 않다. 밥보다는 공부가 더 중요하다는 게 공통된 인식들이다. "성장기의 아이들에게 식사를 하는 환경은 매우 중요하다. '맛있다'고 느끼는 것은 맛뿐만 아니라 누구와 어떤 장소에서 먹는지가 중요하다"[16]거나 "대화와 우정이 곁들여진다면 식사는 시간을 멈춘 명상의 순간으로서 일상의 습관을 떨쳐내기 위한 돌파구가 된다. 식사에서 최고는 음식의 맛이 아니라 타인의 존재를 음미한다는 사실이다. 버터를 바른 빵 조각 몇 개를 나누어 먹더라도 식탁을 함께 나누고 관계를 축하하며 들뜨면서도 평화로운 사회관계의 정점을 누린다"[17]는 말들은 학교 급식 시간과 급식실에서 필요한 친교적 상호작용이자 삶의 조건이지만 실제로는 전혀 통하지 않는다.

은은한 음악이 향기처럼 배경으로 흐르고 밝기를 낮추고 색온도를 따뜻하게 조절한 개별 조명 아래 알록달록한 예쁘고 동그란 식탁에 친한 친구들 서너 명과 삼삼오오 모여서 오전 동안

16. 구도 가즈미, 《학교를 만들자》, 85쪽, 2009년, 퍼시스북스.
   이 책에는 또 다음과 같은 내용이 있다. "'밖에서 밥을 먹고 싶다', '나무 아래서 느긋하게 있고 싶다'는 아이들의 요구를 어떻게든 들어주고 싶어서 런치 스페이스와 옥상정원을 가까이에 있게 했다. 그리고 분위기 있는 식사 환경을 위해 식기와 테이블, 그리고 조명과 전망은 마지막까지 강한 애착을 가지고 계획했다"(234쪽).
17. 다비드 르 브르통, 《느리게 걷는 즐거움》, 68쪽, 2014년, 북라이프.

의 일들을 수다로 풀며 여유롭게 수저질을 하는 건 꿈꿀 수도 없다. 바닥에는 물기가 없고 천장이나 벽 등에는 소음을 줄여주는 흡음시설도 설치하면 좋으련만 그런 데는 누구도 관심을 두지 않는다. 급식실 내부를 아무리 돌아봐도 변변한 꽃 한 송이, 화분 하나 없는 경우가 다반사다. 학교 밖에서 식당 공간을 그렇게 삭막하고 음산하게 꾸며놓고 운영한다면 이내 문을 닫아야 할 테지만 학교는 괜찮다.

이러한 공간으로서 부적절한 급식실의 조건은 교사에게도 똑같이 적용된다. 먹는 일이 재충전을 위한 잠깐의 휴식이 아니라 '급식 지도'라는 이름으로 학생들과 또 다른 치열한 쟁투로 이어진다. 학생과 교사에게 점심시간은 빛나는 싸움의 과정이며 급식실은 그 전장이다. 학생이나 교사 누구도 사람으로서 환대를 받기 어려운 공간이 학교 급식실이다.

'급식판'은 인간 외면, 기능 중심의 사고

이번에는 급식실에서 사용하는 밥그릇인 '식판'으로 눈길을 돌려 보자. 온 식구가 제각각의 밥그릇이나 국그릇이 아닌 멜라민 수지[18]나 스테인리스 스틸로 된 식판에 밥과 반찬, 국 등을 한데

---

18. 식품의약품안전처는 2018년 5월, 멜라민 수지를 활용한 주방용품에서 멜라민과 폼알데하이드가 용출될 우려가 있다며 사용에 주의할 것을 국민에게 당부하는 동영상과 소책자를 제작·배포하였다.

담아서 날마다 먹는 가정이 얼마나 있을까.

장삿속으로 영업하는 음식점에서도 자신들의 이익과 편리를 위해 식판 하나에 음식을 한 줌씩 담아 손님들에게 내놓지는 않는다. 잔치국수 한 그릇조차 정갈한 자기그릇에 담고 김치며 밑반찬 두어 가지마저 작은 접시에 담아 내놓는 곳도 있고, 서울의 어느 돼지국밥집에서는 흔한 뚝배기가 아닌 국밥과 양념 그릇은 물론 수저까지 온통 놋으로 만든 것들을 손님상에 올린다고 한다. 사람들이 맛과 멋에 반해 줄을 서서 기다리며 먹는 즐거움을 누린다고도 한다. 좀 더 귀하게 존중받고 대접받는 느낌이 들기 때문일 것이다.

아무리 학교 급식실이 밥을 먹는 공간으로서의 조건을 충족하지 못한다고 하지만 군대도 아니고 감옥은 더더욱 아닌데 플라스틱이나 스테인리스 스틸로 된 식판에 밥을 푸고 반찬과 국을 담아 먹는 푸대접을 받는 게 최선일까. "학교 급식에 강화 자기로 만든 식기를 사용"[19]하는 학교가 있고 "뚜껑 있는 반상기에 밥과 국을 담아 교장·교감에게 점심식사로 바치는"[20] 학교들도 있다는데 어째서 학생들은 군인처럼 죄인처럼 수용자가 되어 식판으로 밥을 먹어야 할까. 그토록 자녀 사랑이 유별난 학부모들조차 자신의 소중한 자녀들이 학교 급식실에서 '개별 식기'가 아닌 '식판'에 죄수처럼 밥을 받아먹는 수모를 겪는데도 아무런 의

---

19. 구도 가즈미, 《학교를 만들자》, 91쪽, 2009년, 퍼시스북스.
20. 윤근혁, 「대통령도 식판 드는데… '밥순이' 만드는 일부 교장들」, 『오마이뉴스』, 2017년 5월 29일 차.

스테인리스 스틸로 만든 식판. 군인도 죄수도 아닌 학생들이 식판에 밥을 받아 먹는 것이 너무도 당연한 일이 되었다.

문을 갖지 않고 항의를 하지 않는 것도 신기하고 이상한 일이다.

현직 대통령도 청와대 구내식당에서 하얀색 멜라민 수지로 만든 식판에 밥을 받는 장면이 TV에 나오고, 탄핵당한 전직 대통령도 최고 재벌 기업의 부회장도 구치소에서 두말 않고 식판을 썼다고 한다. 그러니 식판을 사용하는 것으로 법 앞의 평등은 아니더라도 밥 앞의 평등은 이루어진 것이라고 생각하기 때문일까. 화려한 도자기 그릇 문화를 꽃피웠던 우리가 플라스틱과 스테인리스 스틸 한 장에 그릇 주권을 내어주고 만 것은 안타깝고 속상한 일이다.

이는 모두 '식사의 질'이 아닌 업무의 효율성을 먼저 생각하는, 밥 먹는 '사람'을 생각하기보다는 업무의 효율과 기능을 먼저 생각한 탓이다. 개별 식기를 구입하고 세척력 뛰어난 식기세척기를 더 들여놓기보다는 학생들이 식판에 밥을 먹도록 하는 게 경제 논리에 따라 훨씬 효율적이라고 생각하기 때문이다.

급식실이 밥을 먹는 1차적 공간이라면 밥그릇은 그보다 우선하는 밥의 공간이며 도구이다. 일부이긴 하지만 교장만 개별 식기에 밥과 국, 반찬을 따로 각각 담아 우아하고 고상하게 차려 먹는다는 건 말이 안 된다. 학교에서 학생들이 식판에 밥을 배급 받아 먹는 건 불행한 일이다. 업무의 효율과 기능성, 집단성을 버리고 정서적 심리적 효과와 밥 먹는 인간에 대한 존중과 예의를 생각한다면 그럴 수 없다. 집에서처럼 밥그릇과 국그릇으로 소담 스럽게 차린 식탁에서 밥을 먹을 수 있도록 해야 한다. 당연히 그 그릇들의 재료는 플라스틱이나 스테인리스 스틸이 아니어야 한다.

학생들이 학교에서 가장 행복하다고 말하는 시간이 수업하지 않는 급식 시간이므로 급식실이 먹는 일에 온정과 감성을 부여 하는 공간으로 변해 학생들이 조금 더 행복해져도 해로울 것이 없다. 교사들이 그 행복의 일부를 나눠 가질 수 있다면 더 좋다. 급식실의 공간 변화와 함께 점심시간이 좀 더 충분히 여유롭게 늘어난다면 급식실에서 밥을 먹다 죽어도 좋다는 학생들이 생길 지도 모르겠다.

화장실, 더럽고 악취 나는 반체제의 공간

흡연 해방구

"인류학자들은 유적들을 발굴할 때 화장실을 문명 발달의 척도로 생각한다"[21]고 한다. 화장실 하수 처리 시설의 발달 정도를 살피고 이를 문명의 수준으로 파악한다는 뜻일 터다. 범위를 좀 넓게 해석하여 만약 오랜 시간이 흘러 우리의 학교 화장실이 오직 유일한 인류의 화장실 유적으로 발굴된다면 인류학자들은 오늘날 우리의 문명 발달 수준을 어떻게 평가할까. 냄새나고 더럽고 지저분해서 학생들이 생리 현상조차 제대로 해결하기 어렵다고 호소하는 지금의 학교 화장실이 문명 발달의 척도로 확인된다면?

처음부터 학교 화장실은 불결하고 지독한 악취를 풍기는 곳이었다. 한여름에는 구더기들이 살아서 떼로 꿈틀거리는 일도 흔

---

21. 다니엘 푸러, 《화장실의 작은 역사》, 9쪽, 2005년, 들녘.

했다. 교사의 말에 따르지 않거나 준비물을 챙겨오지 않았을 때, 숙제를 안 했을 때, 친구랑 아주 사소한 다툼을 벌였을 때, 지각했을 때 등의 온갖 이유로 교사가 내리는 벌을 받아 청소해야 하는 곳으로 수시로 활용되기도 했다. 화장실 청소는 아주 고약하며 지독한 형벌이었다.

남학생들의 권력 다툼에서 서열을 가려야 하는 일이 생겼을 때 결투를 신청하며 상대에게 던진 말도 '옥상으로 따라와!'보다 훨씬 먼저 있었던 게 '화장실로 따라와!'였다. "이전 화장실은 학교의 북쪽 구석에 몰아넣어 교사의 시선이 닿지 않는 위치에 있었"[22]고, "선생님들의 눈을 피할 수 있는 아이들만의 비밀스러운 공간이라고는 냄새나고 더러운 화장실 말고는 없"[23]었기 때문이다.

학교건축에서 본 건물 바깥에 있던 화장실이 건물 안으로 배치되기 시작한 것은 1920년대 후반부터라고 하는데 실제로 완전히 실내 공간으로 이동한 것은 1990년대 들어서였다. 1980년대 중반부터 시작한 학교 화장실 개량사업으로 재래식 변기 대신 수세식 변기를 실내로 들일 수 있게 된 덕분이었다.

예나 지금이나 학생들이 흡연에 대한 호기심과 욕구를 불태우며 금연하라는 잔소리와, 징계의 위협에도 불구하고 화장실을 흡연 해방구로 만들 수 있었던 이유도 학교에서 가장 더럽고 냄새나는 공간이 화장실이었기에 가능했다. 청결하지 않고 냄새나

22. 구도 가즈미, 《학교를 만들자》, 124쪽, 2009년, 퍼시스북스.
23. 김경인, 《공간이 아이를 바꾼다》, 55~56쪽, 2014년, 중앙북스.

학교 폭력과 흡연 예방을 이유로 화장실 출입문 개방을 강요하는 학교의 안내문.

는 곳이어서 급한 용무 외에는 모두가 기피하는 장소. 때문에 학교 밖으로 나가지 않고도 교실을 벗어나 일탈할 수 있는 '숨어있기 좋은 방'으로서 학교 화장실은 최적의 공간이다. 이곳에서 누리는 흡연은 화장실의 악취를 감수하는 대신 얻을 수 있는 '자유'다. 교실이 체제 순응적 복종의 공간이라면, 화장실은 전복적, 반체제적인 공간 기능을 수행하고 있었던 셈이다.

'배설 원정' 떠나는 학생들

학교 화장실의 역사는 더러움의 역사며 악취의 잔혹사다. 지금도 상당수 초중고교의 학생용 화장실에서는 더러움과 악취 때문에 학생들이 화장실 사용을 꺼리고 있다. "영국에서도 30년이 넘게 학생들에게 문제가 되는 공간은 화장실이었고",[24] 화장실시민문화연대가 2012년 서울시 초등학교 4~6학년 1244명 대상으로 설문한 결과, 학교 시설 가운데 가장 불편하고 만족스럽지 않은 곳이 화장실이라는 결과(64.7%)도 있었다. 냄새가 심하고 바닥과 변기가 더러우며 비누와 화장지가 없고 너무 어둡다는 게 이유였다. 서울시가 2014년 10월 화장실 개선 사업 시범학교로 선정된 7개교(초등3, 중2, 고2) 학생 5411명을 대상으로 한 설문에서도 냄새가 난다(58.9%), 불결하다(29.3%), 공간이 협소하다(7.3%) 순으로 학교 화장실의 문제를 지적했다. 어쩌다, 왜 학교 화장실은 이처럼 학생들에게 철저히 외면받는 기피의 공간, 저주의 공간이 되었을까.

재래식 변기 일색에 용변을 본 후 손 씻을 세면대는 고사하고 수도 시설 하나조차 없던 학교 화장실에 수세식 양변기를 설치하고 세면대를 마련한 것은 주목할 만한 성과였다. 그러나 그 이후 학교 화장실은 방치됐다. 빠른 산업화와 소득 증대, 위생과 삶의 공간에 대한 의식 수준 향상 등의 영향을 받아 가정의 화장실이 놀랍고 눈부시도록 깨끗하고 향기롭게 변하는 동안에도 학교 화장실은 수세식이라는 것 말고는 달라진 게 없었다.

남학생 화장실의 경우 소변기 가림막만 제대로 설치해도 자존감을 존중하면서 학생들의 화장실 이용 문화와 성 의식을 개선

24. 박종향·신나민, 「중·고등학생의 호·불호 학교공간 인식에 관한 연구」, 『한국교육시설학회논문집』 통권 104호, 55쪽, 2015년.

할 수 있다. '공중화장실 등의 설치 기준'에는 "남성 화장실에는 소변기의 가림막을 설치해야 한다"고 의무화하고 있지만 상당수의 학교는 여전히 이를 외면하고 있다.

학교 화장실에는 학생들이 화장지를 낭비하고 화장실 곳곳에 버려서 지저분하게 만든다는 등의 이유를 들어 화장지도 갖춰놓지 않았다. 이미 오래전부터 가정에서는 화장지도 사용하지 않고 물을 이용하는 비데를 이용하는 집들이 많아졌는데, 학교 화장실은 비데는 고사하더라도 화장지조차 마음대로 사용할 수 없다. 최근 학교 화장실에 화장지조차 없다는 언론 보도 등을 통해 논란이 되자 겨우 교육청과 학교 당국이 나서 화장지를 마련하려는 모양새를 갖춘 정도다.

교육 당국과 학교는 학생들의 정서와 생활 수준에 적합한 깨끗하고 쾌적하며 향기로운 화장실을 만들어 제공하는 데 매우 무관심하며 인색하다. 학교 바깥 다른 어느 장소와 공간에서도 찾아보기 힘든 가장 오래되고 낡은, 최악의 화장실을 방치하고 학생들에게 제대로 사용하기만을 강요한다. 그러한 강요를 학생들이 따르지 않는다는 이유를 들어 그나마 화장실 공간의 사용 조건을 더 불량하고 나쁘게 만들어버린다. 학교 화장실은 '깨진 유리창'이다.

화장실에 화장지를 마련해주지도 않고, 환기 시설도 제대로 작동하지 않으며, 냉난방이나 온수 시설은 처음부터 설치조차 하지 않았으며, 항상 축축하게 젖어있는 바닥을 방치하는 등의 방식이 그렇다. 화장지를 마련해주면 낭비할까 봐, 세면대에 온

소변기에 가림막을 설치한 남학생 화장실.

수 기능을 설치하면 학생들이 온수를 틀어놓고 물을 낭비할까 봐 혹은 고장 낼까 봐 등 모든 근심과 걱정의 원인은 학생이다. 그러니 아주 기본적인 배설 기능 말고는 모두 금지하고 방치하는 것이다. 휴대폰 사용을 못 하게 하려고 아예 학교에 가져오지 못하게 하거나 등교 이후에는 일절 사용하지 못하도록 아침부터 압수하는 것처럼 금지 만능의 교육 방식은 학교 화장실에서도 예외가 아니다. 이러한 학교 화장실을 학생들이 싫어하며 가기를 꺼리는 건 당연하다. 학교에서는 절대로 화장실을 가지 않고 참고 견디며 고통을 견디는 학생도 있다. 학교 밖 병원이나 관공서 등의 공공시설 화장실로 '배설 원정'을 떠나는 학생도 흔하다.

학생용 화장실은 학생들을 위한 곳이 아니라 방치와 외면의 공간이다. 학생들을 인격적 주체로 존중하고 학교 화장실도 그 삶의 소중한 공간이라고 생각하는 학교는 많지 않다. "화장실은 배설의 카타르시스를 경험하게 하는 공간이기도 하고, 인간 됨됨이를 깨닫게 하는 겸손의 장소이기도 하고, 새로운 욕구를 충족하게 해주는 지혜의 장소이기도 하다"[25]는 것을 학교는 알아차리지 못하고 있다.

25. 박승규, 《일상의 지리학》, 9쪽, 2009년, 책세상.

교사용 화장실

반면, 교사용 화장실은 학생용 화장실과는 상황이 좀 다르다. 교사 입장에서 보면 교사용 화장실은 존중과 배려, 환대의 공간이다. 학교에서 온전히 교사를 위한 공간은 없다. 교사용 화장실은 학교의 여러 공간 가운데 교사들이 유일하게 자신들을 위해 마련된 곳이라는 느낌을 갖기에 충분한 공간이다. 교장·교감의 부당한 명령이나 학생들 혹은 동료 교사들과 부딪히는 온갖 심란한 일들에서 잠깐이나마 달아나 조용히 머무를 수 있는 피신처 같은 곳이기도 하다.

교사용 화장실은 학생용 화장실과 달리 쾌적하고 향긋하며 따뜻하다. 꽃이나 관엽 식물을 심은 화분이 있기도 하다. 화장지와 비데도 갖추어져 있으며 언제든 수도꼭지만 틀면 온수가 나온다. 출입문에는 '학생 출입 금지'나 '학생 사용 금지' 같은 문구를 붙여놓아 학생 불가침 구역임을 공표하였으므로 심리적 안정감마저 느낄 수도 있다. 그럼에도 불구하고 화장실이 학교에서 교사들이 가장 존중과 환대받는다는 느낌이 드는 공간이라는 현실은 씁쓸하고 아픈 구석이 있다.

학생들의 입장에서 보면 교사용 화장실은 학교에서 교사와 학생 사이에 가장 확연히 드러나는 차별과 소외의 공간이다. 자유롭지는 않으나 제한적으로 학생들의 출입이 가능한 교무실이나 교장실 등과 비교해도 차원이 다르다. 교사용 화장실은 학생들의 출입 자체가 원천적으로 금지된다. 학교 안에서 학생들의 출입이 원천 금지된 공간은 안전의 이유로 막힌 학교 옥상과, 교사용 화장실뿐이다. 그럼에도 불구하고 학생들은 징계의 위협도 무릅쓰며 호시탐탐 기회를 엿보며 감시를 피해 교사용 화장실을 몰래 다녀간다. 학생용 화장실과는 비교가 안 되는 공간적 조건을 갖추고 있기 때문이다. 자신의 집에서 화장실을 사용하는 것과 거의 같은 수준의 공간적 환경에서 배설의 기쁨을 누릴 수 있다. 언제 들이닥칠지 모르는 교사에게 들킬 수 있다는 긴장감도 유쾌한 배설의 쾌락 앞에서는 맥을 못 춘다.

겨우 화장실 하나가 교사용과 학생용으로 이처럼 확연히 구분되어 존중과 환대, 차별과 소외의 극명한 차이를 보이는 것은 우리의 학교공간이 얼마나 인간을 외면하고 있는지를 확인케 한다. 그러한 차별을 너무도 당연하게 여기는 무감각한 학교 분위기도 되돌아봐야 한다. 그러므로 교사용이든 학생용이든 학교 화장실은 모두 사람을 위한 공간이라고 보기는 어렵다.

기본적인 생리 현상을 해결하는 화장실 공간에서부터 이러한 환대와 차별을 당연시하는 학교에서 '민주적인 학교 문화'라거나 '교사와 학생이 서로 존중하는 교육공동체'라는 구호는 한계가 분명하다. 학교가 이러한 가치들을 제대로 가꾸고 실현하려면 차별과 소외의 공간을 존중과 환대의 공간으로 바꾸어야 한다.

학생 불가침 구역임을 공표한 교사용 화장실은 학교공간 가운데 교사들이 유일하게 자신들을 위해 마련한 곳이라는 느낌을 갖는 공간이다.

즐길 수 있고 정신적 휴식까지 가능한

이미 학교 밖에서는 오래전부터 "화장실이 생리적 요구를 해결하기 위한 단순한 공간에서 즐기는 공간, 휴식을 취하는 공간으로 변모하면서 화장실의 공간 구성에도 변화가 생겼다". 또한 "이제 사람들은 화장실에서 생리적 해결뿐만 아니라 정신적 휴식까지 얻기를 기대한다".[26] 그러한 시대적 변화와 기대에 미치지 못하는 화장실 공간은 학교가 유일하다. 최근 이러한 한계를 벗어나려는 움직임이 일부에서나마 일고 있는 것은 환영할만한 일이다.

서울시교육청과 서울시가 함께하는 '꾸미고 꿈꾸는 학교 화장실, 함께 꿈' 사업이 가장 대표적인 사례다. 어둡고 냄새나는 학교 화장실을 밝고 유쾌한 공간으로 변신시켜 감성적·창의적인 공간으로 개선하는 것이다. 2015년부터 시작해 2017년 12월까지 서울의 초중고교 화장실 800곳을 개선했다. 당국이 일방적으로 화장실 개선 공사를 진행한 것이 아니라 해당 학교 학생들의 의견을 적극적으로 듣고 이를 설계와 디자인에 반영했다.

화장실에서도 시간을 확인할 수 있도록 전자시계를 설치하거나 은은한 클래식이 항상 울려 퍼지도록 오디오를 설치한 학교도 있다. 전신거울이 있는 탈의실을 만들었는가 하면 장애인 화장실을 넓히고 샤워 시설도 갖추어 장애 학생 등 사회적 약자를

---

26. 이상현, 《몸과 마음을 살리는 행복공간 라운징》, 68쪽, 2015년, 프런티어.

배려한 공간으로 바꾸었다. 여학생들을 위해 파우더 룸을 화장실 공간에 마련했는가 하면 각 층 화장실마다 '바람의 나라', '숲의 길' 같은 고유의 이름을 붙여 정감을 더하기도 했다.

이러한 개선의 결과 자연스럽게 화장실에서 담배 연기가 사라졌고 학교폭력도 줄었다고 한다. 금지가 아니라 더 좋은 환경과 공간을 학생들에게 제공함으로써 나타난 결과다. 개선된 화장실 환경에서 학생들이 존중받고 있다는 느낌이 든다고 밝힌 것도 이채롭다. 이와 비슷한 사례로 강원도교육청도 2015년부터 화장실을 학생들 중심으로 개선하는 '가고 싶은 화장실' 만들기 사업을 진행하고 있다.

다른 지역 교육 당국과 학교에서도 생리적 문제조차 해결하기 만만치 않은 학교 화장실을 즐길 수 있고 정신적 휴식까지 가능한 공간으로 바꾸는 데 동참하기를 바란다. 학생들의 요구를 경청하여 오롯이 반영하는 것을 절대로 놓치면 안 된다는 게 밑줄쳐야 할 핵심이다.

"앞서가는 기업은 화장실을 소홀히 하지 않는다. 흥미로운 예술작품을 전시한다거나 혁신적인 잡지를 놓아둔다거나 독특한 음악을 틀어놓아 창의성을 자극하는 기회로 활용한다"[27]는 설명대로라면 기업보다 학교에 창의성을 자극하는 다양한 형태의 화장실 공간 구축이 더욱 절실하게 필요하지 않겠는가.

---

27. 론 프리드먼, 《공간의 재발견》, 74~75쪽, 2015년, 토네이도미디어그룹(주).

교복, 신체를 둘러싸고 억압하는 공간

'교복 입은 시민'은 없다

100여 년 전 "교복은 (학생이라는) 새로운 계층의 등장을 알리는 표지"[28]였다. 모자와 더불어 "개화의 상징이자 근대 학생의 상징"이었다.[29] 교복처럼 집단 내부에서는 정체성, 동일성, 소속감 등을 나타내면서 구성원이 아닌 외부에 대해서는 구분하고 선을 그으며 적대적 의미까지도 내포하는 "단체복의 역사는 스포츠 경기만큼이나 오래되었는데, 문자가 없던 부족들이 몸에 색을 칠하던 관습에서 시작되었다"[30]고 한다.

---

28. 이승원, 《학교의 탄생》, 308쪽, 2005년, 휴머니스트.
29. 이승원, 《학교의 탄생》, 307쪽, 2005년, 휴머니스트.
 "100년 전은 교복이라는 말이 일반 사회에 통용되지 않았던 시절이었다. 비록 근대식 학교가 등장했지만 아직도 많은 수의 학생들은 도포와 두루마기를 입고 댕기 동자의 모습으로 학교에 다녔다. 신식 학교에 입학한 그들이 단발을 하고 도포와 두루마기 대신에 '교복'을 입기까지는 몇 년의 시간이 더 걸렸다. 학생들은 개화의 상징이자 근대 학생의 상징인 교복과 모자를 쓰기 시작한다. 검은색 옷과 검은색 모자. 영락없이 군인의 모습이었다. 아니 학생들이 처음으로 입은 '교복'은 '군복'을 정확하게 본뜬 옷이었다."

새로운 계층의 등장을 알리는 개화와 근대의 상징이던 교복은 오늘날 복장의 자율성을 빼앗고 학생들을 억압하는 집단성·획일성의 도구이자 상징으로 일반화되었다. 신체의 자유와 표현의 자유를 억압하는 수단으로 전락했다.

교복은 평상복과는 공간적 지위부터가 다르다. 평상복은 일상적인 의복으로서 자연스러운 그대로의 자신을 드러내고 표현하지만 교복을 입는 순간 나의 몸, 개인의 신체는 사라진다. 교복은 학생들의 개인적, 사적 공간인 신체를 공적 공간, 배타적 공간으로 바꾸어버린다. 학교에 있어야 할 시간에 학생이 교복을 입고 학교 밖을 서성거리면 수상하고 불온한 눈초리를 피하기 어렵다. 반면에 교복을 입지 않은 청소년이 같은 시간대에 거리를 활보해도 아무런 주목을 받지 않는다. 교복이 상징하는 공간적 위상이 너무도 견고하기 때문이다.

신체를 감싸는, 몸에서 가장 가까운 신체 바깥의 공간이 의복(옷)인데 학생들에게는 '교복'이 여기에 해당한다. 오늘날 교복은 학생과 '학생다움'이라는 추상성을 상징하는 왜곡된 기호로 자리 잡았다.

서울시교육청은 '2015 학생자치활동 활성화 지원 계획'의 명칭을 '교복 입은 시민 프로젝트'라고 이름을 붙였다. '학생은 교복 입은 시민'이라는 것이다.

서울시교육청은 교복을 학생의 상징으로 정의했는데 이로 인

---

30. 한스 페터 투른, 《색깔 효과》, 128쪽, 2016년, 열대림.

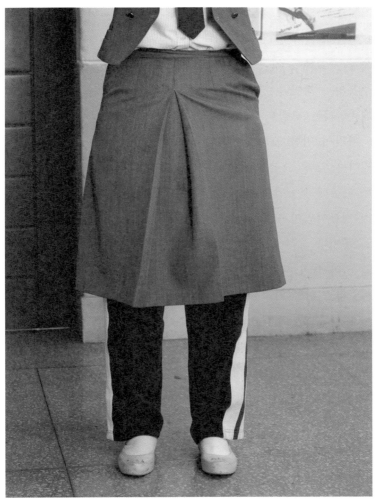

교복 치마의 불편함을 덜어보려고 치마 안에 체육복 바지를 껴입은 여학생.

해 학생의 시민성, 주체성, 인권 등을 '교복'에 가두는 큰 잘못을 저지르고 말았다. 기본적으로 '학생은 교복을 입는다', '학생은 교복을 입어야 한다'라는 전제에서 출발하기 때문이다. 서울시교육청은 교복이 지니는 집단성, 획일성, 몰개성성 등의 문제에는 주목하지 않았다. 그것이 시민으로서의 존엄과 권리를 억압하고 훼손한다는 사실도 간과했다.

따라서 비록 교복을 입었더라도 학생의 인권과 시민으로서의 권리는 있다, 교복을 입었다고 해서 학생의 시민으로서의 권리를 제한해서는 안 된다 등의 의미를 담은 것이라는 해석을 아무리 덧붙여봐야 교복을 시민성이나 인권과 연결 짓는 것은 억지일 뿐이다. 교복 입은 시민, 군복 입은 시민, 양복 입은 시민, 전업 시민 등이 따로 있을 수 없다. 민주주의 사회에서는 누구라도 시민의 지위를 가지며 시민이라는 이유만으로도 존엄하다. 따라서 교복은 학생의 시민성이나 인권을 상징하는 도구가 될 수 없다. 교복에 시민성의 의미를 억지로 부여할 게 아니라 시민성을 억압하는 교복에서 학생들이 벗어날 수 있도록 자치와 자율을 확대하는 방향으로 시민성의 의미를 온전히 구축하는 것이 바람직하다.

교복 착용을 의무화한 모든 학교에서 교복은 학생들의 몸, 그러니까 자율적인 신체를 부자연스럽게 감싸면서 제도적·규율적으로 통제하는 공간으로 기능한다. 의복인 교복을 여러 학교공간 가운데 하나로 편입할 수 있는 이유도 여기에 있다. 입는 순간부터 학생들의 삶은 교복 공간에 갇히고 학교의 규율과 억압적 제도에 복종하도록 길든다. 교복이라는 의복 공간이 학생들에게 소리 내지 않고 명령하는 주문이기도 하다.

정장 스타일의 교복은 학생들의 신체 활동이나 움직임을 불편하게 통제한다. 교복을 입고 적극적인 활동을 하기란 쉽지 않다. 교복이 학생들의 행동을 통제하고 길들이기 적합한 도구적 공간으로 기능하는 것이다.

"개인의 사회적 정체성과 지위는 신체의 품성과 예의범절을 통해 파악되었다. 자신이 사회적으로 우월하다고 생각하는 사람은 자신의 신체를 통제함으로써 다른 사람들로부터 자신을 구분 짓고자 했으며, 신분 상승을 꾀한 사람들은 이를 그대로 모방했다. 이러한 도덕적 '규약'은 사회 계층을 따라 아래로 전파되었고, 점차 모든 시민들이 이를 실천하면서 일상적 행태가 되었다"[31]고 질 밸런타인은 말했다.

오늘날 우리나라에서 교복은 바로 그 학생들의 '신체를 통제하는 일상적 행태'의 공간이 되어버렸다. 학교에서 교복을 입지 않는다는 건 당연한 규칙 위반이자 일탈로 간주하며, 교복을 입지 않는 학생은 문제아, 반항아로서 불량스러움을 내포한 문명화 이전의 상태로 취급받는다. 사회적 지위 따위는 처음부터 인정하지 않았으며, 예의범절도 없는 무뢰한으로 여기기 일쑤다. 통제되지 않고 길들지 않는 야생마 같은 상태로 본다. 학교는 학생들이 교복을 입지 않는 것을 자신의 명령과 지도에 복종·순종하지 않

---

31. 질 밸런타인, 《공간에 비친 사회, 사회를 읽는 공간》, 42쪽, 2014년, 한울아카데미.

겠다는 선언으로 받아들인다. 그렇기 때문에 교복으로 학생들의 신체를 통제하는 일은 학교로서는 아주 민감하며 중요하다.

학생들에게 교복을 입게 하는 것만으로도 학교는 효율적인 지도와 통제의 한 영역을 쉽게 확보할 수 있다. 교복 착용을 확인하는 것만으로도 자연스럽게 학생들의 기를 선제적으로 꺾고 순종하게 만들 수 있다. 두발 단속을 하고 교무실 출입 요령을 군대처럼 하는 것 등도 모두 학생들을 수동적 복종형 인간으로 길들이려는 의도가 숨어있다고 하겠다.

학생들은 이러한 학교의 의도를 이미 간파하고 여기에 맞선다. 교복이라는 신체 외부 공간을 복장 점검과 지도로 억압하며 선제적으로 기를 꺾으려는 학교의 의도에 저항한다. 교복을 아예 안 입는 저항의 방식, 그러니까 교복이라는 공간을 일탈하는 방식이 아니라 입기는 입되, 자신의 취향과 스타일대로 혹은 유행에 맞춰 '변형'하고 '고쳐' 입는 적극적 방식을 택한다. 이를 통해 유행에 민감한 청소년기의 발랄한 감수성을 드러내면서도 자신들의 몸을 둘러싼 교복이라는 신체 공간의 억압적 권위를 비웃으며 조롱하는 기지마저 발휘한다.

신체의 자유를 허하라

1927년 『별건곤』[32] 3월호에는 재미있는 삽화가 하나 실려있다. 졸업을 한 달 남겨둔 두 남학생이 대화를 나누는 그림이다. 이

활동이 불편한 교복 재킷 대신 '후드티'를 입은 학생들.

미 자신의 교복을 찢어서 입고 있는 남학생이 친구인 듯한 학생에게 "한 달만 있으면 졸업인데 학생복 찢어 입기가 늦었어."라며 그의 학생복마저 찢어버린다. 그러자 친구인 남학생이 "여보게, 궁둥이는 아직 찢지 말게."라며 미소를 짓는 모습이다. 이미 1910년대부터 학생들의 이 같은 교복 찢기가 있었다는 게 이승원의 말이다. 그는 "학생들이 교복을 찢어버린 건 자신의 신체에 새겨져 있는 규율로부터 벗어나려는 행위였다. 학생들은 졸업과 동시에 한편으로는 지긋지긋했던 학교 규율로부터 자유롭게 되었다

32. 1926년 11월 1일 창간한 대중잡지. 1926년 8월 『개벽』이 일제의 탄압으로 강제 폐간되자 그 대신 내놓은 잡지로서 『개벽』과는 그 성격을 달리하여 취미와 실익을 위주로 다루었다. 1934년 8월 통권 74호로 종간되었다.

는 상징적 제스처로 그 같은 행동을 했던 것"[33]이라고 설명한다.

학생들의 교복 찢기는 학교라는 억압과 규율의 공간에서 해방, 탈출한 것을 기념해 신체를 억압하던 또 하나의 공간인 교복을 찢어버림으로써 완전한 자유를 선언하는 일종의 퍼포먼스다. 학교를 파괴하거나 부술 수는 없지만 몸에 찰싹 달라붙어 자신을 옥죄고 괴롭히던 교복이라는 공간은 얼마든지 자신의 힘으로 제거하고 벗어날 수 있다고 생각하기에 이른 것이다.

"근대 초기 학교 교육은 '동일성'을 기반으로 한다. 그 동일성의 교육은 모든 학생들에게 획일적이고 정형화된 정신과 신체를 요구한다"[34]는 게 이승원의 지적이다. "모든 학생들에게 획일적이고 정형화된 정신과 신체를 요구"하는 것은 근대 초기나 지금이나 크게 달라지지 않았다. 오히려 더욱 강화된 측면이 있다. 교복은 바로 같은 정신과 신체를 수용하는 공간으로서 학생들을 순종하게 만드는 역할을 해왔다. 학교는 또래 학생들을 종합적으로 수용해 집단성과 몰개성의 교육을 하고, 교복을 통해 학생들의 신체를 직접 수용·관리함으로써 신체는 물론 정신의 완벽한 통제까지 꾀한다.

근대 초기 "학생들이 처음으로 입은 '교복'은 '군복'을 정확하게 본뜬 옷이었다. 당시 여군이 없었으니 여학생들의 교복은 검은색 치마에 저고리를 입는 방식이었다. 대신 장옷은 벗었다".[35]

---

33. 이승원,《학교의 탄생》, 361쪽, 2005년, 휴머니스트.
34. 이승원,《학교의 탄생》, 119쪽, 2005년, 휴머니스트.
35. 이승원,《학교의 탄생》, 307쪽, 2005년, 휴머니스트.

이것이 오늘날 학교=군대, 교복=군복의 등식이 성립할 수 있는 논거 중 하나다. 교복이 단순한 의복으로서 기능이나 심미적 작용을 하는 것이 아니라 군인처럼 학생들의 신체와 정신을 규율화, 조직화하는 억압적 공간의 지위를 갖는다고 말할 수 있는 것도 이 때문이다.

이제는 학생들의 신체를 그들의 것으로 돌려주어야 하지 않을까. 교복이라는 이름의 좁고 불편한 폭력적 공간에 가두었던 학생들의 신체를 온전히 그들에게 돌려주어 교복을 자율화하는 것이 아닌 신체의 자유를 회복하도록 돕는 데 학교와 기성세대가 나서야 하지 않을까.

4부
교실, 잃어버린 삶의 공간

'삶'이 없는 교실

교실에 대한 여러 가지 생각

"교실이 뭔가. 애들이 공부하고 자고 쉬고 싸우고 가끔 가슴 떨리는 연애도 하고 웃고 우는 집이다. 애들이 가장 발랄하게 널 브러지는 곳이다. 지나가는 바람에도 진동하는 어린 영혼들의 휴식처다."[1]

교실 한 칸에 학생 60~70명을 달걀판처럼 가득 채워 넣어 수업하던 시절이 있었다. 30~40년 전의 일이다. 변변치 않은 냉난방 시설 때문에 여름에는 친구의 체온까지 뜨겁게 느껴야 했고, 겨울에는 친구들의 체온으로도 교실의 냉기를 덮을 수 없었다. 학생들도 쾌적한 교실에서 여름에는 시원하게 겨울에는 따뜻하

---

1. 조후, 「교육 권력과 학교건축」, 14쪽, 『민들레』 78호, 2011년, 민들레.
   원문의 일부 단어를 필자가 바꾸었다. 원문은 다음과 같다. "기숙사가 뭔가. 애들이 먹고 자고 쉬고 싸우고 가끔 가슴 떨리는 연애도 하고 웃고 우는 집이다. 애들이 가장 발랄하게 널브러지는 곳이다. 지나가는 바람에도 진동하는 어린 영혼들의 휴식처다."

게 지낼 수 있어야 한다는 의식은 아직 크게 없던 시절이었다. 한 교실에 60~70명의 학생을 짐짝처럼 쑤셔 넣어 수용하고 교육이라고 주장하는 게 아동 학대가 될 수도 있다는 생각은 더더욱 없었다.

1반부터 10반까지 똑같은 학년, 똑같은 구조, 똑같은 색깔, 똑같은 조명, 똑같은 방향, 똑같은 창문, 똑같은 책상과 의자, 똑같은 칠판, 똑같은 수업을 받는 교실, 이것은 아주 괴기스럽고 지독한 공포다. 이를 공포가 아니라 지극히 당연한 삶의 환경으로 느끼도록 감각을 마비시키는 교육을 정상이라고 말할 수 있을까.

같은 평형의 같은 구조인 아파트에 살아도 집집마다 인테리어부터 공간 활용 등에 이르기까지 내용은 조금씩 혹은 아주 많이 다른 법이다. 그런데 교실은 어쩌다 똑같은 인간을 제조하는 영혼 없는 공간이 되고 만 것일까. "삶의 중심이 잘 잡혀 있다고 느끼기 위해서는, 집이 단지 기능적인 차원을 넘어설 필요가 있다. 즉 집은 개개인의 고유한 인격과 열정, 흥미, 삶의 여정 등의 표현이어야 한다"[2]고 했다. 인용한 문장에서 '집'을 '교실'로 바꾸어 읽어보면 더욱 분명해진다. 교실이 얼마나 삶의 중심을 잡기 어려운 공간인지 말이다.

60~70명이 한 교실에서 공부하던 학생들이 이제는 학부모가 될 만큼의 세월이 흘렀다. 그 사이에 교실 속 학생 수는 20~30명 정도로 그 시절의 절반 수준으로 줄었다. 여름에는 에어컨 겨

---

2. 폴 키드웰,《헤드스페이스》, 79쪽, 2017년, 파우제.

울에는 온풍기 기능을 하는 냉난방 기기도 들여놨다. 하지만 그 것 말고 교실은 그때나 지금이나 그대로다. 20~30명으로 인원이 줄었다고 교실 속 행복이 쑥쑥 커진 것도 아니다. 넉넉한 삶의 질과 행복감을 키워주는 안락하고 너그러운 장치나 환경은 갖추 어지지 않았다. 앞에는 칠판, 뒤에는 게시판 그 사이에는 의자와 책상이 덩그러니 놓인 삭막하고 무시무시한 교실 속 삶이 그대 로 반복 재현될 뿐이다.

문제는 누구도 그것을 이상하다고 생각하지 않는 데 있다. 교 실은 아직도 오직 공부만 해야 하는 절대적 공간일 뿐 학생들의 삶이 이루어지는 공간으로서의 기능은 못 하고 있다. 오직 공부 가 삶이고 삶이 공부다. 그런 의미에서 교실은 지난 시절과 마찬 가지로 지금도 아동 학대의 공간이라고 말할 수 있다. 더 넓고 더 안전하고 더 행복한 삶의 영역으로서 교실 공간이 필요한 이유다.

교실에 대한 본격적인 이야기를 하기에 앞서 다른 이들은 교 실을 어떤 공간으로 이해하고 있는지를 찾아 확인한 내용을 정 리해 보면 대략 다음과 같다.

1. "교실은 아이가 의심이 드는 것을 물을 수 있고 지식을 캐내는 장소"

_호머 레인, 《아이들은 어떻게 성장하는가》

2. "교실은 주로 지적 학습이 이루어지는 공간"

_한용진, 《역사 속의 교육공간, 그 철학적 조망》

교실은 학습을 위한 제한적 공간이 아니라 학생들의 삶의 총체적 공간이다.

3. "교실은 학생들이 안정을 느끼고 자신을 계발하고 축제를 여는 곳이다. 그리고 조용한 시간을 보내면서도 격렬히 논쟁하고 깊이 탐구하는 곳이다."

_게롤트 베커 외,《만들고 행동하고 표현하라》

4. "교실이란 결국 교사가 아무리 재미있고 안전한 곳으로 만들려고 노력해도 아이들에게는 그럴 수만 있다면 도망치고 싶은 지루하고 혼란스럽고 위험한 장소"

_존 홀트,《아이들은 왜 실패하는가》

5. "교실은 학급 구성원들이 평등하게 만나는 곳이 아니라 권력과 통제 그리고 복종의 성격을 갖는 공간"

_오영재,《한국 학교조직 질적 연구》

6. "교실은 오로지 기능만을 위해 설계된 가장 재미없고 불쾌한 장소"

_데이비드 W. 오어,《학교를 잃은 사회 사회를 잊은 교육》

7. "교실이 사회의 수요에만 충실해야 하는 기능적 경쟁 공간일 수만은 없다는 사실, 때로는 풋사랑의 공간도 되고 격렬한 다툼과 따뜻한 사교와 우애의 공간이기도 하다는 현실"

"그곳은 가방 속에 커다란 베개 하나만 달랑 넣고 다니는 학생, 어차피 백지 답안지를 내게 될 모의고사를 보는 시간에 화장실 청소를 도맡아 하겠다는 '반 평균 까먹는 놈들'도 한 식구임을, 학칙을 거스르지 않으면서 과시할 수 있는 어쩌면 유일한 공간"

_최윤필,《겹겹의 공간들》

1~3에 나타난 모습은 전형적인 학습과 토론의 공간으로서 교실이다. 배우고 익히며 지적 호기심과 욕구를 충족하는 즐거움이 있기는 하지만 그것만으로는 불편하고 답답한 다른 무언가가 있다. 4~6은 위험하고 불쾌하며 학생들에게 복종을 가르치고 억압·통제하는 공간으로서 교실이다. 겉으로는 민주시민 양성을 교육 목표로 내세우지만 실상은 그와 다른 길을 가고 있는 우리의 학교 현실과 비교해보면 꼭 들어맞는 내용이다. 7은 가장 실재적이고 인간미 넘치는 교실 공간의 찰나들을 재현해놓았다.

최윤필이 짚어낸 교실은 감성적이다. 섬세하며 무심한 듯 따뜻하다. 이런 교실이야말로 삶이 있는 공간의 모습이다. 교실은 오로지 공부만 하는 곳이기 때문에 다른 모든 행동은 금지되고 억압당하며 '운동장에 나가서 떠들어라' 같은 교사의 싫은 소리에 마음을 다쳤던 학생들의 눈시울을 적시기에 충분하다. 교실 속 독재자로 군림했던 교사들에게도 자연스러운 성찰과 사색을 하도록 만든다.

발견과 환희의 접견실

교실을 교수학습을 위한 절대 공간으로 생각하는 정서는 우리의 의식에 아주 강하게 박혀있다. 오로지 교실에서는 '공부만' 해야 한다. 공부 아닌 다른 것들은 쉽게 허용되지 않는다. 심지어 수업 시간에 화장실에 가는 것도 교사의 '허락'을 받아야 한다. 일부 교사들은 학생들의 이런 수업 중 생리 욕구를 허용하지 않음으로써 자신의 권위를 옹호한다고 착각하거나 학습 분위기를 유지하려는 그릇된 습성을 지니고 있다. 이럴 때 교실은 교사와 학생의 소통과 상호작용이 일어나는 곳이 아니라 교사의 절대 권력 공간이 된다.[3]

이런 교실을 한번 상상해보자. 교실 출입문은 자동문이다. 수업 시작종이 울리면 동시에 문은 자동으로 닫힌다. 1분 1초라도 늦으면 해당 교시에는 교실에 들어갈 수 없다. 천재지변 같은 경우를 제외하고 수업 중에는 절대로 문이 열리지 않는다. 당연히 수업 중에 화장실 같은 곳에도 갈 수 없다. 수업이 끝나는 종이 울리면 자동으로 다시 문은 열린다. 쉬는 시간 동안만 교실 문은 개방된다.

---

3. 로버트 서머, 《개인의 공간》, 123쪽, 1987년, 기문당.
"교사는 학생에 비해 50배 정도의 자유로운 공간을 가지고 이리저리 움직이며 중요한 지시는 학생에게 등을 돌리고 흑판에 쓴다. 확실한 허가가 없으면 일어서지도 못하는 학생들 사이를 위엄 있는 교사만이 걸어 다닐 수 있다. 교사와 학생은 같은 교실을 공유하지만 양자는 같은 것을 서로 달리 보고 있다."

삶이 없는 학교에서 학생으로서 자신의 모습을 죄수로 표현한 고등학생의
그림.

학생들이 앉아 수업을 받는 의자와 책상에도 인공지능 장치가 마련되어있다. 학생들이 수업 중에 책을 펴지 않거나 졸거나 떠들거나 교사의 수업을 방해하는 일체의 행동을 하면 정도에 따라 1단계부터 5단계까지 전기 충격이 가해진다. 5단계에 이르면 감전사할 수 있다. 앉아있는 자세가 불량하면 의자에 몸을 반듯하게 묶어주는 장치가 작동한다. 전기 충격이나 의자에 몸을 묶는 것은 정상적이고 원활한 수업을 위한 합법적 행위로 간주한다. 장치의 오류로 전기 충격이 지나쳐 감전 사고가 발생하거나 생명이 위태로운 일이 생겨도 학교나 교사에게는 책임을 묻지 않는다. 학생이 수업에 집중하지 않아서 발생한 일이므로 그의 잘못일 뿐이다.

교실은 공부하는 곳이므로 공부와 수업에 집중하는 일 외에는 아무것도 허용되지 않는다. 수업 공간이라는 기능적 목적과 관리 기능에 아주 철저히 부합하는 교실이 탄생한 것이다. 이런 곳에서 당신은 행복하게 '열공'할 수 있을 것이며, 열공만 할 수 있다면 교실은 그래도 되는 것일까.

경기도교육청의 용역을 받아 사단법인 한국교육·녹색환경연구원이 2017년 완성한 연구 보고서[4] 부록에 실린 TF팀 회의록을 보면 다음과 같은 내용이 있다. 교실 내 세면대 설치와 관련한 의견을 주고받는 자리에서 한 장학사가 말한다. "교실은 교수

---

4. (사)한국교육·녹색환경연구원, 『새로운 교육공간 재구조화 방안 연구』, 2017년.

학습의 공간이므로, 교수학습에 필요한 것만 있어야 한다고 생각한다". 교실 내 세면대는 교수학습에 방해되는, 필요하지 않은 것이므로 설치하면 안 된다는 주장이다. 오직 교실에는 교과서와 공책과 필기도구만 있어야 한다는 생각이다.

그는 최윤필이 찾아낸 "교실이 사회의 수요에만 충실해야 하는 기능적 경쟁 공간일 수만은 없다는 사실, 때로는 풋사랑의 공간도 되고 격렬한 다툼과 따뜻한 사교와 우애의 공간이기도 하다는 현실"을 전혀 감지하지 못하는 전형적인 낡고 보수적 교육관료의 모습을 고스란히 노출한다.

그 장학사는 "교실마다 개수대도 갖춰져 있다"[5]는 핀란드의 키르코야르벤 종합학교 이야기나, 이미 호주에서는 세면대와 개수대를 교실 공간에 갖추어 화장실을 가지 않고도 교실에서 물을 마시거나 손을 씻을 수 있도록 설계에 반영하는 학교가 많고 휴게실에도 전자레인지나 냉장고 등을 갖추어 교사와 학생들이 이용하도록 하고 있다는 사실[6]까지는 더더욱 몰랐을 테다. 그러니 아무런 부끄러움도 없이 세면대는 공부에 필요한 교실 공간의 장치가 될 수 없다는 말로 교육 관료의 우물 안 민낯을 당당히 드러내고 만 것이다. 학교 현장은 물론 시도교육청과 교육부 관료들 역시 이런 의식을 지닌 이가 아주 많다는 현실이 교실을 삶이 있는 공간으로 확장하는 것을 어렵게 만들고 있다는 사실도

---

5. 전국학교도서관담당교사 서울모임, 《아름다운 삶, 아름다운 도서관》, 222쪽, 2015년, 우리교육.
6. 신나민, 「호주 학교의 학습공간 디자인 개선에 관한 사례분석」, 16쪽, 『한국교육』 제38권 제1호, 2011년.

실내에 학생들의 외투 등을 걸어둘 수 있도록 시설을 마련한 핀란드의 종합
학교.

뼈아픈 대목이다.

　지금의 교실은 21세기 4차 산업혁명의 시대, 알파고 시대를 살고 있는 학생들의 의식과 문화, 행동 양식과 생활 방식 등을 제대로 고려하거나 반영하고 있지 않다. 교실의 공간적 조건은 수세기 전에 멈추어 선 지 오래다. 학생들은 학교에서 보내는 시간 대부분을 교실에서 지낸다. 지낸다는 말보다 '버틴다'는 표현이 더 정확할 테다. 학생들의 일상에서 가장 비현실적이고 가장 지저분하며 가장 볼품 없이 엉성한 공간이 바로 교실이다. 교실 안의 책상이며 의자, 복도며 창문이며 온갖 것들이 모두 가정이나 학원에서 만나는 실재의 공간적 조건이나 환경들과는 너무 차이가 크다.

　앞에는 칠판, 뒤에는 게시판 그 사이에 섬처럼 놓인 딱딱하고 허름한 의자와 책상 말고는 삭막하기 짝이 없는 곳에서 하루하루를 살아야 하는 학생들의 입장에서 교실은 실재하는 가상공간cyber space처럼 느껴질 수도 있다. 학교 아닌 다른 어느 곳에서도 경험할 수 없는 비현실적 실재 공간. 아침에 교문을 넘어 등교하는 행위가 학교·교실이라는 실재하는 가상공간으로 로그인하는 것일 수도 있다.

　"아이들에게는 더 많은 학교 교육이 필요한 것이 아니라 더 많은 삶이 필요하다."[7]라는 말이 있다. 우리의 학교가 그렇게 되려

---

7. 송순재 외, 《위대한 평민을 기르는 덴마크 자유교육》, 2010년, 민들레.

면 교실은 더 많은 삶을 가능하게 만드는 공간으로 변해야 한다. 국영수만 강요하는 교실에서는 '더 많은 삶'을 꿈꾸기 어렵다. 교실은 발견과 환희의 접견실이어야 하며 다양한 학생들의 여러 세계가 자연스럽게 넘나들고 섞이는 공간이어야 한다. 우리 삶이 그러하듯.

'다른 반 출입금지'로 드러나는 교실에 대한 생각

교실마다 번지는 순응과 길듦

학생들의 학교생활은 교실을 중심으로 이루어진다. 공부도 교실에서 하고 놀이도 교실에서 하며 쪽잠도 교실에서 잔다. 교실에서 친구와 수다를 떨기도 하고 싸우기도 한다. 벌을 서기도 하며 공놀이도 한다. 심지어 급식을 먹기도 한다. 특별실이라는 이름의 음악실, 미술실, 체육실 등도 교실이다. 다만 일반 교실보다 제한된 시간 동안 머물고 정해놓은 특정한 수업 행위가 이루어질 뿐이다.

학생들이 학교에서 보내는 모든 시간 동안 교실 없이는 어떤 활동이나 행동도 이루어질 수 없다고 해도 지나치지 않다. 달리 말하면 학교에서 교실 말고는 학생들이 수업은 물론 다양한 교과 외 활동이나 행동을 마음껏 누리거나 쉴 수 있는 공간은 없다. 학교는 곧 교실이다.

교실은 학생들의 삶의 공간이며, 삶의 공간이어야 한다. 교실이라는 공간의 전적인 권리를 지닌 주체는 학생이다. 그러나 학생들은 교실 공간의 실효적 사용권은 고사하고 그 안에서 누릴 수 있는 인간적인 자유마저 제한·억압당한다. 교실은 학급담임교사가 '관리 책임자'로 버젓이 이름이 등재되는 곳이다. 학생들은 관리 책임자인 학급담임교사의 지시와 명령을 따르고 관리를 받아야 한다.

교실에서 학생들의 거의 모든 행동은 금지당하거나 제한되기 일쑤다. 오직 한 가지 '공부'만 빼고. 교실에서는 공을 가지고 놀아서도 안 되고 친구와 장난을 쳐도 안 된다. 떠들어도 안 되며 뛰어다녀도 안 된다. 담임이 정해준 책상 자리에 박제처럼 앉아서 조용하고 차분히 학습 준비를 하거나 공부를 하는 것이 학교와 교사 그리고 학부모가 바라는 최고의 행동이다.

'학급(교실)' 단위로 학생들의 학교생활이 진행되기 때문에 학생들이 학급을 중심으로 한 공동체 활동도 필요하다. 그와 더불어 이웃한 다른 학급, 나아가 다른 학년과의 소통과 협력도 포기해서는 안 되는 소중한 삶의 활동 중 하나다.

그런데 최근의 교실 공간을 둘러싼 공공연한 흐름이 한 가지 있다. '다른 반 출입금지' 혹은 '타반 출입금지' 등의 문구를 종이에 써서 교실 출입문에 붙이는 것이다. 언제부터라고 정확히 짚어 말하기는 어렵지만 대체로 2000년대 초 일부 학교의 고3 교실에서 시작된 것으로 추정된다. 대입을 앞 둔 수험생으로서 긴장과 절실함 같은 것을 그렇게 써서 붙인 것이었다. 학습에 집중하겠다는 의지를 표현한 것이다. 다른 반 친구의 우리 반 출입

'다른 반 출입 금지'는 교실을 폐쇄, 단절 등의 공간으로 생각하고 개방, 소통, 확장 등의 공간으로는 받아들이지 않는다는 의미다.

을 금지하고 나 역시 그렇게 함으로써 그와 함께 나누던 공동의 시간을 단절하는 행위를 통해 자신의 성적을 조금이라도 더 올려보겠다는 매정하고 씁쓸한 표어.

그러던 것이 지금은 중학교와 고등학교 구분할 것 없이, 지역도 가리지 않고 전국 어디서나 흔하게 볼 수 있는 교실 풍경이 되었다. 전 학년 모든 교실에 '다른 반 출입금지' 스티커를 붙여 놓은 학교도 있다. 경기도의 한 고등학교에서는 "해당 학급담임 교사 또는 특별실 담당 교사가 별도로 지정하여 타 학급 학생들의 무단출입을 금지하는 경우에 금지된 장소를 출입하여서는 안 된다."라는 내용의 학교생활인권규정도 만들었다. 교사의 명령으로써 학생들의 교실 출입을 금지할 수 있도록 했다. 나아가 일부 교사들 사이에서는 학급운영 자료의 하나로 다양한 형태의 '다른 반 출입금지' 이미지 양식을 만들어 온라인 커뮤니티를 통해 공유하기도 한다.

학생들이 '다른 반 출입금지'를 어기면 벌점을 받거나 해당 학급에서 도난이나 폭력 등의 일이 벌어졌을 때 용의자로 지목된다. 교과서나 체육복, 학습 준비물, 현금 등을 훔치는 잠재적 예비 범죄자로 간주하는 것이다. 그런 험한 꼴을 당하지 않으려면 다른 반에 친구를 만나러 갈 때는 면회를 신청하고 교실 밖에서 만나야 한다. 살벌하고 무서운 풍경이다. 학생들도 불편하지만 이를 적극적으로 거스르지는 않는다. 혹여나 다른 반에 갔다가 걸려서 받게 될 벌점이 두렵고 도난이나 폭력에 관계된 인물로 낙인찍히기 두렵기 때문이다. 순응하며 길드는 것이다.

격리와 단절의 교실 배치

우리나라 초중고교는 일반적으로 같은 학년을 일정한 공간(층)에 묶어서 교실을 배치한다. 다른 학년과는 섞이지 못하도록 구분·격리하는 방식이다. 심지어 미래 학교 디자인과 관련한 연구에서도 "동일 학년은 가능한 한 같은 층에 계획하여 교사 및 학생들의 이용을 편리하게 한다."[8]라고 제시했다. 미래 학교에서

---

8. 계보경 외, 『미래 학교 디자인 가이드라인』, 19쪽, 2011년, 한국교육학술정보원.

도 학년과 서열을 중심으로 하는 사고를 반영해 교실 공간을 배치하라는 것이다. 사람과 사람 사이의 넘나듦과 관계를 중심에 둔 미래지향적 제안이라고 보기에는 어려운 조언이다. 게다가 이는 '학년군'이나 '무학년제' 같은 새로운 학교 체제를 전혀 고려하지 않고 있다. 나이와 학년을 파괴하여 학년 간 상호 연계와 협력을 통한 유연성을 기르고 교육과정 이수의 탄력성과 융통성을 강화하는 시스템을 전혀 생각지 않은 것이 미래 학교 디자인 가이드라인이라니 놀라울 따름이다.

이는 교사가 학생들의 지도와 감독을 더욱 수월하게 하려는 선택이며, 학년과 나이에 따른 서열과 질서를 더욱 공고히 하는 데 학교가 결정적 역할을 하게 만든다. 학년과 나이를 기준으로 선배와 후배의 공간을 분리함으로써 세계 어디에서도 찾아보기 힘든 선후배의 강력한 폭력적 질서가 학교 안에 구축되었다. 교사들도 이를 이용하여 선배의 후배 군기 잡기나 길들이기 같은 것에 암묵적으로 가담하거나 동조하는 경우도 종종 있다.

선배라는 이름의 폭력으로 후배라는 이름의 사람에게 명령하고 군림하는 당연함이 학교에서부터 비롯한다는 사실은 매우 서글프고 분노할 일이다. 더욱이 그 후배가 다시 선배라는 폭력이 되고 마는 악순환은 반드시 끊어야 한다. 학년 단위로 특정 공간에 모아서 배치하는 지금의 교실과 공간에 대한 생각을 바꾸면 그와 같은 악순환을 끊을 수 있다. 초중고교에서부터 학년과 나이에 따른 구분과 격리 대신 서로의 공간을 섞어 자연스럽게 어울리도록 하고 협력과 나눔의 가치를 가르친다면 생기지 않을 일이다. "학교는 문을 열고, 세상을 열고, 모두에게 충만하고 풍요로운 삶의 기회를 열어주는 것을 목적으로 삼아야" 하고 "민주사회에서는 학교생활이 (권위적, 독재적, 관료적, 봉건적 원칙이 아니라) 민주적 원칙을 구현해야"[9] 한다. 하지만 우리의 현실은 서로 넘나들지 못하도록 격리와 단절을 공간 구성의 당연한 원칙으로 삼는 벽 앞에 서 있다. 그 벽을 무너뜨려야 한다.

이런 교실 공간 배치 상황에서 '다른 반 출입금지'는 교사와 학생들이 교실을 어떤 공간으로 이해하고 있는지를 분명히 알게 한다. 교실을 폐쇄, 단절 등의 공간으로 생각하고 개방, 소통, 확장 등의 공간으로는 받아들이지 않는다는 의미다. 교실은 나만의 공간, 우리 반만의 공간이라는 폐쇄적이고 자폐적인 의식을 드러낸다고 하겠다. '학급 연고주의', '학급 중심주의'라고 이름 붙여도 좋을 만한 현상이다. 다른 학년의 교실과 소통하거나 연결하는 것은 '다른 반 출입금지'의 차원을 넘어 사실상 불가능하다. 폭력성을 잠재한 선후배의 엄격한 서열과 질서가 지배하기 때문이다.[10]

학교와 교사의 입장에서는 '다른 반 출입금지'가 효율적 학급 관리와 학생 지도, 도난 등의 문제 예방을 위한 관리의 방편으로

---

9. 윌리엄 에어스, 《가르친다는 것》, 126쪽, 2012년, 양철북.
10. 박성철 외, 『한·일 중학교의 공간 구성 비교 연구』, 2013년, 한국교육개발원. 이 연구 자료는 "서로 다른 학년을 묶어서 생활하게 하는 것은 한국에서는 학교폭력을 우려해 지양하고 있으며 일본은 학생의 교류라는 시도에 의해서 나타난 차이점이다."(402쪽)라고 정리하고 있다. 단절과 교류의 차이는 이토록 선명하다.

유용한 수단이 될 수 있다. 교실이 학생들의 삶의 공간, 적극적 관계 맺기와 교류의 공간으로 얼마나 큰 역할과 기능을 하는지에 대해서는 이해와 철학이 부족한 결과다.

학급담임교사가 교실에 대해 갖는 생각도 마찬가지다. 하루 종일 자신의 학급에서 지내는 초등교사와, 자신의 교과 수업을 하러 다른 학급을 순회하지만 '책임 관리자'로 지정돼있는 자신의 학급 관리와 운영에 집중하는 중등교사가 다소 차이가 있다. 하지만 '자기 교실'을 자기 뜻대로 할 수 있는, 자신이 소유한 공간이라고 생각한다는 점에서는 별로 큰 차이를 보이지 않는 공통점이 있다. 교사 자신의 것이 아니라 학생들의 주체적 삶의 공간이라는 인식은 아직 매우 희박하다.

교실 출입문에 붙여놓은 '다른 반 출입금지'는 우리 집에는 절대로 이웃을 들이지 말고 옆집에도 결코 가서는 안 된다고 말하는 것과 같다. 다른 반, 다른 친구와 자유롭게 넘나들지 못하는 그 폐쇄된 교실 공간 안에서 소통과 공감을 말하며 민주시민 교육, 더불어 살아가는 교육을 하는 우리의 현실은 무섭고 삭막한 아이러니일 수밖에 없다.

교실 공간에서 자연스럽게 이루어져야 할 학생들의 만남과 소통을 '다른 반 출입금지'로 제한·차단하는 것은 적절하지 않아 보인다. 오히려 적극적인 소통과 만남이 이루어질 수 있도록 교실 공간을 더욱 개방·확장해야 한다. '다른 반 출입금지'는 당장 떼어내고 '친구야 반갑다'라고 바꾸어야 할 일이다. 교실 문에는 아무것도 붙이지 않고 활짝 열어서 자연스럽게 학생들이 서로의 교실 공간을 넘나들며 어우러지는 게 가장 아름다운 장면임은 두말할 나위도 없다. 교실 문이 없는 교실을 상상하는 것도 낯설지만 설레는 일이다.

교실에 갇힌 학생들

학생들이 교실 공간을 만남과 소통, 놀이 등의 공간으로 이용하는 것은 자연스럽고 당연한 현상이다. 학생들의 교실 공간 이용을 좀 느슨하게 만들려면 교실 밖 실내·실외 곳곳에 학생들이 휴식하며 관계 맺기를 할 수 있는 커뮤니티 공간을 더 많이 구축해야 한다.

우리의 학교에는 교실과 운동장 말고는 학생들이 자연스럽고 마음 편하게 쉬고 우정을 나누며 굴러가는 가랑잎을 보며 까르르 웃음을 터뜨릴 공간이 없다. 그렇다 보니 교실과 복도가 학생들의 만남의 광장이 된다. 그 결과 교실과 복도는 언제나 학생들이 내지르는 소리가 소음처럼 진동하고 달리기 천국이 되고 만다.

학생들이 자유롭게 소통할 공간이 없거나 부족한 학교일수록 학생들의 커뮤니티가 교실 공간으로 집중되는 현상이 나타난다. 복도가 난방이 안 되는 겨울철에도 그나마 상대적으로 따뜻한 교실로 모인다. 이래저래 교실은 학생들에게 있어 학습의 공간이자 접근성이 가장 높고 안전한 소통의 공간으로서 역할을 크게 하고 있다. 그러한 현실을 외면한 채 교사들이 앞장서서 '다른 반 출입금지'를 학급 운영의 방법으로 적극 모색·활용하는 현실은 안타깝고 씁쓸하다.

'다른 반 출입금지'로 자신의 학급 교실에 갇힌 학생들은 그 공간에서조차 끊임없이 금지 명령을 하달받는다. "떠들지 마라" 거나 "조용히 해라", "입 다물어라"와 같은 교사의 지시를 하루 종일 받아야 한다. 다른 반 친구와는 소통할 수 없고 같은 반 친구와도 대화는 금지된다. 둘만 모여도 저희끼리 수다가 끊이지지 않는 학생들에게 그 같은 금지 명령만 주문하는 것은 잔혹한 일이다. 교실에 가두고 관계를 차단해서는 안 된다. 오히려 그들의 언어로 마음껏 말하고 떠들고 수다스러울 수 있도록 공간을 열어야 한다. '운동장에 나가서 떠들라'는 이야기는 하나 마나 한 소리다. 운동장은 학생들이 마음껏 떠들게 하려고 준비한 허드레 공간이 아니다.

교실은 학생들의 공간이며 학생들의 삶이 이루어지는 곳이다. 학급 자치, 학생 자치의 실재 공간이기도 하다. 교실 공간을 자유롭게 이용할 권리는 학생들에게 우선권이 있어야 한다. 교사에게 담임을 맡은 교실의 '관리 책임자'라는 책임을 부여하고, '다른 반 출입금지'를 금줄처럼 둘러쳐서 학생들을 교실에 당당히 가둘 수 있게 한 권리는 어디서 온 것인가.

교실 공간의 '관리' 책임자인 교사는 마치 전세 든 세입자와 같아서 언제든 교실의 원상회복을 염두에 두어야 한다. 1년 단위로 '관리' 교실을 옮겨야 하기 때문에 마음대로 교실 공간의 변

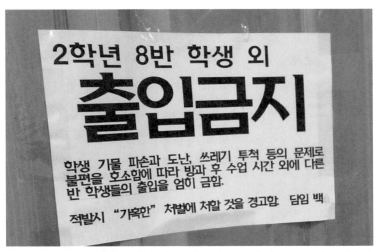

교사들이 앞장서서 '다른 반 출입 금지'를 학급 운영 방법으로 적극 활용하는 현실은 안타깝다.

'다른 반 출입 금지'는 학생들의 자율성과 자치성을 훼손해 성장을 방해하는 금기행위일 뿐이다.

화를 주도하거나 학생들과 협력하여 그들에게 어울리는 교실 공간을 만들기 어렵다. 교실 공간에 대한 적극적인 변화를 시도할 수 없다. 그러므로 관리와 통제를 자신의 역할로 제한할 수밖에 없다. 교사나 학생 모두에게 불행한 일이다.

'다른 반 출입금지'는 학생의 자율성과 학급 자치, 학생 자치를 훼손해 학생들의 성장을 방해하는 금기 행위일 뿐이다. 교실은 학교에서 이루어지는 학생들의 모든 삶의 일차적 공간이자 전 생애의 공간이라는 사실을 반드시 기억해야 한다. "현재의 교사들은 교실환경에 대한 무감각과 이것을 숙명적으로 받아들이도록 저지당하고 있다. 교사들은 학생들이 이와 같은 숙명론에 빠지지 않도록 환경에 '저항해야' 한다".[11]

---

11. 로버트 서머, 《개인의 공간》, 148쪽, 1987년, 기문당.

교사는 앞문으로 들어온다

교실 출입문의 슬픔

교실을 드나드는 문은 두 개다.[12] 앞문과 뒷문. 언제부터 누가 그렇게 시작했는지는 알 수 없지만 교실의 앞문은 '교사용'이라 는 데 크게 이의를 제기할 사람은 없을 것이다. 교실에 교사가

---

12. '학교안전사고예방 및 보상에 관한 법률 시행령' 〈별표1〉의 '학교 시설 안전 관리 기준'에서 정하고 있는 교실 문 관련 항목은 다음과 같다. 이 규정을 제대 로 모두 지키는 학교는 많지 않다.
"가. 교실 문은 될 수 있는 대로 미닫이 구조로 하여야 하며 다음 사항을 지켜 야 한다. 1)교실 문의 유효 폭은 90㎝ 이상으로 한다. 2) 미닫이 구조로 할 경 우에는 손이 끼이는 것을 방지하도록 손 끼임 방지 장치를 설치한다. 3) 미닫 이 구조 문의 바닥 레일 부분은 튀어나오지 않도록 한다. 4) 미닫이 구조 문의 바닥 문턱은 튀어나오지 않도록 한다. 5) 반대편이 보일 수 있도록 일정 높이 에 고정된 유리창을 설치한다. 나. 교실 문을 여닫이 구조로 할 경우에는 다음 사항을 지켜야 한다. 1) 반대편이 보일 수 있도록 일정 높이에 고정된 유리창 을 설치하며, 유리는 충격에 의한 관통 및 파손 시 파편의 비산(飛散)이 없도 록 한다. 2) 도어체크(문이 자동으로 천천히 닫히게 하는 장치를 말한다)나 경 첩 등을 설치하여 문이 닫히는 시간을 여유 있게 한다. 다만, 목재문의 경우에 는 재질을 고려하여 설치하지 않을 수 있다. 3) 피난 방향으로 열리도록 한다. 4) 여닫이 구조 문의 바닥 문턱은 튀어나오지 않도록 한다. 피난로에 있는 모 든 문은 열었을 때 피난에 장애를 주지 아니하여야 한다."

있는데 학생이 앞문을 벌컥 열고 들어왔을 때 그에게 향하는 비난 가운데 하나가 '무례하게 앞문으로 들어왔다'는 것이다. 교실 공간의 앞과 뒤가 명확히 정해져 있고 앞문은 교사용, 뒷문은 학생용이라는 무의식의 질서와 권력이 작용하고 있다는 뜻이다.

교실 출입문은 드나드는 출입구 이상의 상징적 의미가 있다. 어느 문으로 교실에 입장하느냐에 따라 교실 공간 안에서의 권력도 구분된다. 교사의 눈치를 전혀 개의치 않거나 곧이어 뒤따를 꾸중 같은 것을 두려워하지 않는 학생은 당당히 앞문을 이용한다. 그는 대체로 흔히 말하는 모범생이 아닐 확률이 높다. 모범생들은 규정을 어기는 것이나 일탈을 좋아하지 않는다. 앞문으로 드나드는 학생은 비록 모범생은 아닐 수 있으나 교실 내에서 일정한 힘의 우위를 지니고 있을 가능성이 높다.

교실은 드나드는 문조차 서열의 위계가 존재한다. 근래에 들어 예전보다는 그런 인식이 옅어지기는 하였으나 여전히 교실 앞문은 교사의 봉건적 권위를 웅변한다. 겨우 출입문 하나에도 권력이 작동하는 곳이 교실이다.

학생들이 만우절에 흔히 하는 놀이가 있다. 간 크게 일을 벌여서 다른 반과 교실을 아예 바꾸어 교사들을 어리둥절하게 만드는 것이다. 그보다 간이 좀 작은 학급에서는 교실의 앞뒤를 바꾼다. 학생들은 뒤쪽 게시판을 향해 책상과 의자를 모두 돌려놓고 앉아 있다. 당연히 교사는 앞문으로 들어오리라는 계산이 깔려 있다. 별생각 없이 평소처럼 앞문을 열고 들어선 교사는 멈칫한다. 순간적으로 자신이 교실의 앞문이 아니라 뒷문으로 잘못 들어왔나 생각한다. 학생들이 모두 등을 보이고 앉아 있기 때문이다. 이내 간이 작은 만우절 놀이는 곧 들통난다. 교사와 학생이 서로 웃으며 원래의 방향으로 책상과 의자를 돌려 앉는 해피엔딩으로 마무리를 하거나 교사의 짜증 섞인 꾸중을 한바탕 들어야 한다.

교실 앞뒤 바꾸기는 사소하지만 유쾌하고 깜찍하기까지 하다. 학생들은 너무도 당연히 교사가 교실 앞문을 열고 들어오리라는 걸 잘 알고 있다. 그들의 부모가 학창시절에 교실 앞문 위에 분필 가루를 잔뜩 묻힌 칠판지우개를 걸어놓고 교사가 들어오기만을 조마조마하게 숨죽이며 기다리던 일도 마찬가지다. 교사가 뒷문으로 들어오면 계획은 실패한다. 하지만 그런 일은 벌어지지 않는다. 교사는 너무도 당연히 권위의 상징인 앞문으로만 들어온다. 이쯤 되면 교실 앞뒤 바꾸기나 칠판지우개 낙하 쇼 같은 만우절 놀이는 결코 학생들이 간이 작아서 저지른 일이라고만 치부하기엔 부족하다. 반드시 교실 앞문으로 들어올 교사, 그가 지닌 평소의 깐깐한 권력에 유쾌하게 한 방 먹이는 신나는 복수나 전복 혹은 저항이나 반항의 계산된 몸짓일 수도 있다.

로버트 서머는 교사와 학생이 다르게 공유하고 느끼는 교실 공간을 다음과 같이 표현했다. "교사는 학생에 비해 50배 정도의 자유로운 공간을 가지고 이리저리 움직이며 중요한 지시는 학생에게 등을 돌리고 흑판에 쓴다. 확실한 허가가 없으면 일어서지도 못하는 학생들 사이를 위엄 있는 교사만이 걸어 다닐 수 있다. 교사와 학생은 같은 교실을 공유하지만 양자는 같은 것을

교실 공간의 앞과 뒤가 명확히 정해져 있고 앞문은 교사용, 뒷문은 학생용이 라는 질서와 권력이 작용하고 있다.

서로 달리 보고 있다".[13]

교사와 학생의 대립적인 공간 배치

교실 출입문에 이런 권력과 위계가 숨어있는 것은 기본적으로 교실의 구조에 원인이 있다. 교실 공간은 일반적으로 칠판이 붙어있는 방향을 앞으로 하고 커다란 게시판을 걸어놓은 쪽을 뒤편으로 설정, 학생들이 칠판을 바라보며 앞으로나란히 하듯 앉도록 배치되어있다. "교사를 교실의 전면 중앙에 배치하고 학생들을 열과 오를 지어 전면을 향하도록 하여, 학생들의 의사소통을 억제하고 하나의 중심점에 의해 통제되도록 하는 교실 구조"이며 "동시에 그 중심에 의해 통제되는 구조"[14]다. "유치원부터 대학교 강의실에 이르기까지 모든 교실이야말로 부자연스럽고 유도된 집중력을 강화하도록 설계되어있다".[15]

학생들이 앉아 있는 왼쪽[16]으로는 운동장이 바라보이는 창문이 있다. 대체로 남향南向인 왼쪽 창문을 통해 햇빛이 들어온다.

---

13. 로버트 서머, 《개인의 공간》, 123쪽, 1987년, 기문당.
14. 김진균 외, 〈일제하 보통학교와 규율〉, 《근대주체와 식민지 규율권력》, 91쪽, 1997년, 문화과학사.
15. 콜린 엘러드, 《공간이 사람을 움직인다》, 69쪽, 2016년, 더퀘스트.
16. 로버트 서머, 《개인의 공간》, 123쪽, 1987년, 기문당.
　"각 교실 의자의 방향은 학생이 앉았을 경우에 반드시 좌측 어깨로부터 광선이 들어오도록 창의 위치에 따라 결정되었다. 조명, 음향, 구조 등의 기술이 새롭게 발달했음에도 불구하고 대부분의 교실은 지금까지도 입방체의 폐쇄상자형으로 어느 입방체든지 직선으로 배열한 일정수의 의자를 수용하고 있다."

운동장이 보이는 교실 창가 자리는 지루한 수업에서 일탈을 꿈꾸기 좋은 곳이다. 교사에게 들키지만 않는다면 하루 종일 혼자만의 몽상을 즐길 수도 있다. 햇빛에 피부가 상할까 걱정하는 여학생들에게는 불편한 공간이기도 하다. 오른손잡이 학생들을 기준으로 설정된 이 같은 교실 공간 구성은 빛이 왼쪽에서 들어오기 때문에 왼손잡이인 학생들에게는 매우 불편한 구조다. 왼쪽에서 빛을 받으면 책이나 공책에 그림자가 생기지 않아 필기에 편한 건 오른손잡이 학생들이지만 교실에는 왼손잡이 학생도 많다.

우리에게 익숙한 교실은 왼쪽과 앞쪽 중심으로 공간을 설계했다. 왼쪽과 앞쪽 중심의 교실 공간은 당연히 왼쪽과 앞쪽에 더 많은 시선의 응시와 주목을 가능하게 한다. 왼쪽과 앞쪽이라는 교실의 중심을 바꾸거나 없애면 교사용과 학생용으로 교실 출입문이 나뉘는 권력적 위계도 줄어들거나 사라진다. 칠판을 걸어놓은 방향을 '앞'이라고 정의한 고정관념을 떨치면 교실 공간의 방위적 지향은 다양해질 수 있다. 교실의 앞뒤가 사라지면 앞문, 뒷문의 의미도 무력화된다. 왜곡된 장유유서의 질서도 변한다.

고정해놓은 칠판이나 게시판을 과감히 떼어내고 이동식으로 바꾸거나, 방향의 이동이 자유로운 교탁을 설치해 교사가 교실의 앞이라고 정의된 곳에 직립보행의 자세로 서 있지 않도록 하는 것도 작은 변화의 한 방법이다. 일본에서는 "학교 건설 전성기를 지배했던 '흑판'이라는 이름의 녹색 칠판에 대한 거부 반응이 있었다"[17]고 하는데 우리는 녹색 칠판을 확고하게 자리 잡은

교실은 대체로 빛이 왼쪽에서 들어오기 때문에 왼손잡이 학생에게는 매우 불편한 공간이다. 왼쪽과 앞쪽 중심의 교실 공간 배치를 바꾸거나 없애면 교사용과 학생용으로 나뉘는 교실 출입문의 권력적 위계도 줄어들거나 사라진다.

절대적 존재로 여전히 인식하는 경직된 사고를 하고 있지는 않은 지도 돌아볼 일이다.

학생들의 책상 자리 배치를 앞으로 나란히 형이 아닌 다양한 형태로 모색하는 것도 좋다. "학생이 직선으로 앉아서 앞을 향하고 있을 때 불의의 방문자는 모든 학생이 실제로 앞에서 행하는 것에 주의를 기울이고 있다고 착각한다"[18]고 지적한 로버트 서머의 말처럼 앞으로나란히 형태의 책상 배치는 교실 공간에서 벌어지는 현실을 조작·왜곡하기에 적합할 뿐이다.

최근 북유럽은 '교실classroom 없는 학교'가 많아지고 있다고 한다. 바닥, 기둥, 계단, 화장실 등 최소한만 설계하고, 나머지 공간은 사용자인 교사와 학생이 목적과 용도에 적합하게 가구를 이동하는 등의 방법으로 공간을 조성하여 활용하는 방식이다. 스톡홀름에 있는 스웨덴식 프리스쿨인 비트라Vittra에도 교실이 없다고 한다. 우리에게 익숙한 일반적인 정규 수업도 없다. 학교에서 정한 수업과 교실이라는 틀에 학생들을 짜 맞추는 방식이 아니다. 학생들의 삶에 어울리도록 교육 활동을 배치한다. 특성화된 프로그램과 개인별 수준에 맞는 커리큘럼을 운영한다. 교실이 아닌 커다란 홀에 여러 그룹으로 나누어 개방된 공간에서 각기 다른 수업을 진행하고, 학생 개인마다 노트북을 지급해 수업에 활용하도록 돕는다. 이들에게 학교는 교실로 구분되는 갇힌 공간이 아니라 놀이터이자 학습 공간으로 인식된다. 학생과 교

---

17. 구도 가즈미, 《학교를 만들자》, 93쪽, 2009년, 퍼시스북스.
18. 로버트 서머, 《개인의 공간》, 130쪽, 1987년, 기문당.

사 사이의 권력적 공간 위계도 없다. 교실 중심에서 벗어나지 못하는 우리의 학교공간 배치를 되돌아보게 하는 공간 패러다임의 창조적 변화라고 할 만하다.

교실에서 교사와 학생의 공간적 위치가 다른 것은 서로의 역할과 임무가 확연히 구분되어있기 때문이다. 가르치는 이와 배우는 이의 대립적 공간 차지로 나타나는 게 보편적 모습이다. 교사의 감시 역할을 도우며 교실 속 드론Drone으로 기능하던 교단은 사라지고 있지만 교사가 앞에서 학생들 전체를 훑어보며 감시하는 기본 구조는 달라지지 않고 있다. 이런 고정적이며 대립적인 공간 배치를 해체하여 교사와 학생이 서로에게 거리를 좁히고 구분된 경계를 허물도록 공간의 위치를 자유롭게 열어놓으면 좋겠다. 경직되었던 역할과 임무도 훨씬 부드러워질 테고 교사와 학생의 거리도 갈등보다는 위로와 존중의 관계로 다가설 것이다. 이 같은 변화가 교사와 학생의 수직적 관계를 온화하게 바꾸는 것은 물론 수업의 변화, 학교의 혁신 나아가 교육의 혁신으로 이어질 것은 너무도 자명하다.

궁극적으로는 '남운북복南運北複' 그러니까 교실을 기준으로 '남쪽은 운동장, 북쪽은 복도'라는 학교건축의 일자형 획일적 구도와 배치를 다양하고 입체적으로 바꾸려는 노력이 필요하다.

우리나라 학교건축은 주택건축과 마찬가지로 남향을 기본으로 선호하는 특성이 있다. 그러다 보니 남쪽을 향하고 일자로 서 있는 직사각형 형태의 획일적 건물이 탄생한다. 그런데 남향 중심의 학교건축이 공간적 조건으로서 그다지 유리하지 않다는 연구 결과들[19]이 이미 나와 있다. 기존의 획일적 구도를 벗어나는 학교건축이 늘어나서 교실 공간 앞뒤의 개념이 달라지거나 없어지면 학생들의 만우절 교실 앞뒤 바꾸기 놀이는 즐거움을 잃을 수밖에 없겠다.

---

19. 구도 가즈미, 《학교를 만들자》, 104쪽, 2009년, 퍼시스북스.
"남향 교실과 북향 교실의 차이를 발견할 수 없었다. 오히려 북쪽에 위치한 교실의 빛 환경이 안정적이기 때문에 한결 차분하고 안정된 공간이라는 것이 실제의 측정에서도 분명하게 나타났다."
네임리스 건축, 《스쿨블루프린트》, 64쪽, 2016년, 정예씨.
"남향 교사는 여름에는 일조 시간이 길어 무덥고, 겨울에는 태양 고도가 낮아 직사광선이 유입되어 연중 대부분의 시간을 커튼을 닫고 지내기 일쑤다. 반면에 북향하면, 균일한 조도와 안정적인 학습 환경을 만든다."

책걸상, 온기가 깃든 개인 공간

자리 배치표의 명령

교실 공간에서 이루어지는 책상이나 의자의 배치, 환경 미화라는 이름의 내부 치장 등에서도 학생들의 의견은 존중되지 않거나 무시되기 일쑤다. 교사의 권한이 압도적이다. 교실에서 학생의 책상 크기보다 교탁이나 교사의 책상이 훨씬 크고 넓은 것은 교실에서 공간 권력이 누구에게 있는지를 상징적으로 드러낸다.

수업 분위기를 흐린다거나 연애를 한다는 등의 이유로 학생들은 마음대로 원하는 책상 자리에 앉을 수도 없다. 교사가 궁리한 끝에 짝을 지어 배치한 책상에 앉아야 하고 교실 뒤편에 있는 사물함도 책상처럼 교사가 이름표를 붙여 지정해준 곳을 써야 한다. 학생들 스스로 선택하고 결정할 기회나 절차는 없다.

학생들은 담임(교사)의 명령에 복종하도록 길든다. 책걸상 자리나 군대 내무반의 관물대에 해당하는 사물함 이용과 같은 배치와 활용, 청소 영역 분담 등 교실에서 공간을 누리는 주체적

지나치게 성실한 교사는 자리 배치표 아래 친절하고 위협적인 문장을 덧붙
이는 경우도 있다. 그럼으로써 학생들은 복종하도록 길든다.

존재로서 학생들의 권리와 자율성은 보장되지 않는다. 교사가 지정해준 책상 자리나 사물함 배치에 이의를 제기하거나 따르지 않는 것은 있을 수 없는 일이다. 그런 파문은 전체의 질서를 깨트리는 일탈로 통한다.

그러고도 아직 무언가 부족하다고 생각한 교사들은 교탁 위에 학생들의 이름이 박힌 '자리 배치표'를 붙여 놓는다. "혼란스럽고 무익하거나 위험한 집단을 질서가 잡힌 집단으로 바꾸는 '생생한 일람표tableaux vivants'를 만드는"[20] 것이다. 몇 학년 몇 반 몇 번 아무개가 어느 자리에 앉아있는지가 한눈에 들어온다. 담임교사가 만들어 교탁에 붙여놓은 학생 자리 배치표는 모든 교사가 교실 공간에서 학생들을 효율적으로 감시할 수 있는 훌륭한 도구가 된다. 자리 배치표에서 정한 것과 다른 자리에 앉아있는 학생은 곧장 교사에게 발각되어 '원위치' 되거나 한바탕 꾸중을 들어야 한다. 담임이 짜놓은 학생들의 자리 배치를 다른 교과 수업 시간에도 그대로 유지하는 건 엄격한 불문율이다.

근래의 더욱 성실한 교사들은 자리 배치표 아래에 "수업 분위기를 흐리거나 떠드는 학생은 담임에게 알려주시면 조치를 하겠습니다." 같은 친절하고 위협적인 문장을 덧붙이는 경우도 종종 있다. 자신이 담임을 맡은 학급 학생들의 모든 수업 시간을 감시하고 그 결과에 따라 학생들을 처분하겠다는 의도가 너무도 자명하다. 자신이 담임을 맡은 학급 학생들의 모든 일과를 감시하

---

20. 미셸 푸코, 《감시와 처벌》, 234쪽, 2003년, 나남출판.

고, 자신이 정해놓은 규칙을 따르지 않는 학생은 언제든 담임의 응징을 받을 것이라는 공포를 학생들이 무의식에 저장하도록 만든다. 복종의 내면화가 이루어진다. 비담임 교사에게도 자신(학급담임)이 이 학급의 전권을 쥐고 있는 권력자임을 나타내는 표식이 된다.

많은 교사가 이를 훌륭한 담임교사의 당연한 책무요 역할이라고 생각한다. 상당수의 중고교 교사가 자신이 담임을 맡은 학급의 학생들과 교실 공간을 마음대로 좌우할 전권을 갖는다는 착각이나 오해를 한다. 자신이 학급담임이라는 이유로 다른 교과 담당 교사의 수업이나 교실 공간 활용에 섣불리 개입해서는 안된다는 사실을 잘 모르거나 잊는다. 떠든다거나 담임교사의 마음에 들지 않는 행동을 했다는 이유로 학생의 책상을 교탁 바로 옆에 붙여놓고 다른 모든 교과 시간에 그대로 앉아있기를 강요하기도 한다. 영어 시간에 떠들어도 담임에게 혼나고 수학 선생님과 갈등이 있어도 담임교사가 나선다. 자기 학급 학생이 무조건 잘못했다는 전제에서 담임이 책임을 져야 한다는 사고가 작동한다.

다른 교사의 수업 시간에 자신의 학급 학생이 떠들거나 해당 교사와 갈등이 생기는 것은 일차적으로 해당 교사와 학생의 문제다. 둘의 관계 해결이 잘 안 될 때 담임교사의 역할이 필요해 도울 수는 있다. 다짜고짜 담임이라는 이름으로 개입하거나 적극적 행위를 하는 것은 삼갈 일이다. 그들의 관계가 회복될 때까지 담임교사는 때로 모르는 척해야 하는 경우도 있다. 학생과 교과 수업 담당 교사 사이의 '관계'의 문제를 담임이라는 이유로 개입하여 일방적으로 학생을 꾸중하거나 처벌하려 드는 건 매우 위험하고 부적절한 방법이다.

담임교사의 업무가 백 가지도 넘는다는 말이 있는데 책상이며 사물함에 학생들의 이름표를 붙이는 일부터 굳이 하지 않아도 될 이런 관계의 문제에까지 개입하여 최선을 다하고 있으니 그럴 수밖에 없다.

교실 책상 배치의 철학

교실이라는 학생들의 삶의 공간은 학생들이 스스로 꾸미고 만들어야 한다. 지그소퍼즐Jigsaw puzzle 게임을 하듯 교사가 전적으로 만들고 짜놓은 책상 배치의 틀에 학생들을 한 칸 한 칸 집어넣어서는 곤란하다. 그것은 학생들의 공간만 교사가 지배하는 것이 아니라 학생들의 모든 의식과 사고를 지배하는 것이 되기 때문이다. "이런 분위기가 암시하는 것은 이렇다. '우리가 네게 맞출 것이라는 생각은 꿈도 꾸지 말라고. 그러니까 네가 배울 건 순응하고 적응하는 것이야. 그것은 우리가 옳다고 생각하는 대로 네가 똑바로 앉는 일에서 시작돼. 너는 우리가 정한 방향만 보고 우리가 보여주는 것만 보아야 해. 너는 인간으로서 우리에게 아무 의미가 없어.'"[21]라고 말하는 것과 같다. 그래서는 교실이 살아있는 삶의 공간이 될 수 없으며 학생들에게서는 아무런 성장의 변화도 일어나지 않는다. 아무리 혁신적인 수업을 한다고 하더라도 교실 공간에 대한 기본 전제가 그러하다면 혁신에는 한계가 있을 수밖에 없다.

"B. 들라살은 학급 내의 공간 배분이 동시에 서열의 차등화를 명확히 해주는, 즉 학생의 진도, 개개인의 능력, 학생의 좋고 나쁜 성격, 근면한 정도, 청결성, 양친의 재산 정도 등에 의한 구분이 분명히 드러나는 그러한 학급을 구상했다. 가장 높은 수준의 수업을 받는 학생은 벽 쪽으로 가장 가까운 좌석에 앉도록 하고 다른 학생들은 학습 수준이 저하됨에 따라 교실의 가운데 자리에 있도록 한다. 모든 학생은 자신의 일정한 좌석을 갖게 되며, 학교 장학사의 명령과 동의가 없는 한, 자기의 자리를 떠나거나 바꾸어서는 안 된다"[22]고 했다. 이처럼 경직되고 차별적이며 일람표 형식에 충실한, 학생을 감시의 대상으로 간주하는 담임교사의 일방적 교실 공간 자리 배치는 오늘날 학교에서 해야 할 일이 결코 아니다.

한 인터넷 블로거는 이러한 교사들의 교실 책상 배치 형태의 무질서에 대해 다음과 같이 지적했다. "(책상을) 두 명씩 붙여서 칠판을 보는 형태가 15년 전까지 당연하게 여겨졌고, 열린교육 이후로 협동학습이 강조되면서 4명씩 모둠을 이루는 형태가 많아졌습니다. 요즘은 배움의 공동체에서 말하는 4인 구조와 'ㄷ' 자 형태의 배치가 많습니다. 왜 이렇게 책상 배치마저 유행을 타

21. 게롤트 베커 외, 《만들고 행동하고 표현하라》, 315쪽, 2011년, 알마.
22. 미셸 푸코, 《감시와 처벌》, 233쪽, 2003년, 나남출판.

는 것일까요? 그만큼 공간에 대한 고민과 성찰이 없었기 때문입니다. 이게 유행이라면, 저명한 사람이 말했다고 한다면 그대로 따라 하는 것입니다".[23]

책상 자리 배치는 학생들이 스스로 자치 회의를 열어 토의하여 결정하면 된다. 친구들과 불화를 겪고 있다거나 내면의 상처 혹은 어떤 필연적 이유가 있는 학생의 경우에는 교사가 나서서 조정자 역할을 하는 정도면 충분하다. 사물함이나 책상에 일일이 이름표를 붙여서 학생들을 곤충 표본처럼 못 박는 일 대신 학생들이 스스로 해결하도록 하면 된다. 그래야 학생들이 교실 공간을 구체적으로 인식하고 즐길 수 있으며 그 공간에서 자신의 존재와 가치를 되돌아볼 수 있다. 감시와 확인을 위한 일람표 방식의 자리 배치는 학생을 길들이고 복종시키는 도구이자 수단일 뿐이다.

촉각적 공간으로서 책상 유리

최근에는 강화유리를 덮은 책상을 교실에 설치하는 학교도 생겨나고 있다. 학생들이 책상 위에 펼치는 상상의 세계인 낙서를 지우기가 편리하고, 칼이나 도구로 책상을 훼손하는 일을 예방할 수 있다는 논리 등에 따른 것이다.

---

23. 나폴스, '학교라는 공간의 의미와 나아갈 방향', 네이버 블로그, 2016년.

교육적 고민의 결과라기보다는 장삿속으로 개발한 상품일 테지만 학생들의 낙서로 골머리를 앓아온 학교 입장에서 보면 강화유리 덮개가 있는 책상은 귀가 솔깃할 만하다. 김경인은 "책상 위에 유리를 깔았다면 당장 치우는 게 좋다. 유리가 신체에 닿으면 닿은 부분의 온도는 내려가고 상대적으로 다른 부분의 온도가 높게 느껴져 졸음을 유발"[24]한다고 했다. 책상 위에 간 유리는 학습에 방해가 되니 치우라는 뜻이다. 김경인의 주장은 학습을 중심에 둔 의견이다.

책상은 교실에서 학생들의 학습이 이루어지는 직접적인 공간이므로 그렇게 말하는 것도 타당해 보인다. 그런데 학생들이 책상에서 공부만 하는 게 아니다. 때로는 퍼더버리고 엎드려 잠을 자는 침대가 되기도 하며, 친구와 한판 게임을 벌이는 자리도 되었다가 짝사랑하는 친구의 이름을 적거나 한창 마음을 빼앗긴 유명 아이돌 연예인의 사진을 붙이는 게시판이나 액자가 되기도 한다. 학생들 저마다 소박한 삶의 내면이 그대로 드러나 한눈에 볼 수 있는 개방된 공간이 책상이다. 교실이 학급 구성원 모두가 공유하는 공간이라면 책상은 교실 속 학생들의 개별적 삶의 온기가 깃든 개인의 공간이다.

책상 유리는 그러한 온기의 공간에 차가움을 끼얹는다. 맨살에 유리가 닿을 때마다 찌르르 전해지는 차갑고 서늘한 느낌에 자동으로 움찔하게 된다. '촉각적 공간'으로서 차가운 책상 유리

---

24. 김경인, 《공간이 아이를 바꾼다》, 221쪽, 2014년, 중앙북스.

'촉각적 공간'으로서 책상 유리는 차갑고 날카로워 신경질적인 반응을 축적
하게 만든다.

는 신경의 날카로움 같은 무의식적인 반응을 이끌어 뇌리에 깊이 저장하도록 만든다. 스치는 바람결에도 감수성이 남다른 시기의 학생들에게 결코 이로울 리가 없다. 차갑고 날카로워 신경질적 반응을 축적하게 하는 책상 유리는 사람을 먼저 생각하는 소재라고 보기 어렵다. 차라리 천연 목재나 친환경·친자연적인 소재가 훨씬 인간적인 온기를 전해줄 수 있다. 정서적 안정이나 심리적 위로 효과가 있는 편안하고 따뜻한 색감을 입힌 다양한 것이면 더욱 좋겠다. 그것들의 미지근한 따뜻함이 체온과도 무리 없이 섞이고 자연물로서 정서적 친근감을 더할 수 있기 때문이다. 아무리 강화유리라 하더라도 촉각으로 전해지는 유리 특유의 날카로움과 차가움이 학생들 정서에 긍정적 효과를 줄 것으로 기대하기는 어렵다.

무엇보다 온기가 있는 책상에 제멋대로 아무렇게나 쓰고 붙이고 그리고 지우며 낙서하는 재미도 분명 학생들에겐 소중한 삶의 한 부분이며 과정이라는 사실을 놓쳐서는 안 된다. 그것들을 불편하고 못마땅하게 여기는 관리 중심의 시선만 거둔다면 책상위 강화유리 따위는 필요하지 않다.

경제 논리에 묻힌 삶

현재 초중고교에서 주로 사용하는 학생용 책걸상은 파티클보드Particle board나 흔히 MDF라고 부르는 중밀도 섬유판Medium

Density Fibre board으로 만든 것이 대부분이다. 파티클보드는 목재의 얇은 조각, 대팻밥, 부서진 조각 등을 접착제로 붙여서 판 형태로 만든 것이다. MDF는 나무를 고운 입자로 갈아서 접착제를 섞어 압착하여 만든 목재 합판을 말한다. MDF가 파티클보드보다 아주 입자가 작기 때문에 훨씬 단단하다.

일제강점기부터 국내 책걸상은 소나무로 만들었다. 초등학생 시절 가운데 칼금을 그어가며 짝꿍이 넘어오지 못하도록 하던 2인용 책상이 바로 그것이다. 교실 속 개인 공간에 대한 욕망, 혼자만의 책상 공간을 갖고 싶었던 동심의 욕망이 2인용 책상에 칼금을 그어 나누게 했다. 의자도 2인용이 있었다. 2인용 책상은 2001년 중반부터 사라졌다. 국제 규격 어디에도 2인용 책상은 없다는 이유로 한국산업표준KS 규격에서 2인용 책상 규정을 없앤 탓이다. 그 후 1970년대부터는 합판으로 책걸상을 만들었다. 정부가 KS 학생용 책걸상 규격을 제정하면서 재료를 합판으로 제한했기 때문이다. 일본 규정을 고스란히 옮겨온 것이다. 2008년 말부터는 KS 재료 규정이 합판과 섬유판 등으로 완화되었다.[25]

책걸상의 내구연한은 8년이다. 그러나 보통 15~20년씩 쓴다고 한다. 내구연한에 맞추어 교체하도록 예산 계획을 세우지 않기 때문이다. 학사운영의 파행을 겪다가 최근 재단이 민주적인 이사회를 구성하면서 34년 만에 책걸상을 교체한 사립학교도 있다. 물론 국공립학교라고 해서 사정이 훨씬 낫다고 말할 수도 없다.

---

25. 최예나, 「짝꿍 못 넘어오게 책상에 줄?…옛날애기랍니다」, 『동아일보』, 2017년 3월 25일 자.

예산 집행의 우선순위에서 책걸상은 예외적 항목이라 해도 틀린 말이 아니다. "학교에서 책걸상을 구입할 때 사용자의 입장에서 신체의 적합성이나 안락함보다는 관리의 편의성이나 경제성의 논리가 앞"[26]선다는 지적이 꼭 들어맞는 대목이기도 하다.

2014년 당시 어느 교육감 후보는 체형에 맞지 않는 책걸상으로 학생들이 불편함과 피로감을 호소한다며 인체공학을 고려한 책걸상으로 교체하겠다는 공약 등을 내걸고 당선했다. 당선 이후 그는 실제로 관내 학교들의 오래된 책걸상을 차례로 교체하는 작업을 진행했다. 기존의 낡은 책걸상을 새로 교체했다는 의미는 있으나 책걸상의 품질과 단가를 이전과 달리 획기적으로 높이고 학생들의 삶의 질을 반영한 인체공학적 고급형 책걸상이라고 하기에는 여전히 부족하고 아쉬움이 많이 남는다.

학생들의 신체에 제대로 들어맞지도 않는 책걸상은 각각 대략 2~5만 원 정도(2017년 조달청 기준)의 아주 싼 값으로 살 수 있다. 책상과 의자 한 세트 값이 최대 10만 원 안팎이다. 너무 헐하고 싸다는 생각을 지울 수 없다. "일본 초등학교에서 사용되는 책상과 의자의 가격은 7만 원부터 기껏해야 10만 원 수준이지만 덴마크의 초등학교에서 사용되는 것은 세트로 50만 원부터 100만 원을 호가한다"[27]는 구도 가즈미의 안타까운 마음을 담은 말이 우리에게도 그대로 재현된다.

---

26. 한은숙, 「학교 시설의 인간공학적 연구」, 『교육행정학 연구』, 68쪽, 통권 72호, 2008년.
27. 구도 가즈미, 《학교를 만들자》, 115쪽, 2009년, 퍼시스북스.

덴마크에서는 집에서 쓰는 것과 비슷하거나 더 좋은 책걸상을 학교에서도 사용하지만, 우리는 집에서 쓰는 것보다 훨씬 질이 떨어지는 책상과 의자를 학교에서 집보다 더 오래 사용하고 있다는 이야기다. 교실 공간에서 학생들의 삶이 지니는 의미와 가치를 우리가 얼마나 외면하고 있는지, 삶의 실질적 내용보다는 형식과 구색 갖추기에 얼마나 충실한지를 여실히 드러내 주는 지표라 할 만하다. 학생들이 안락하고 편안하게 앉아서 학습과 생활을 할 수 있도록 돕기보다는 학습을 위해 학생들의 몸을 억압·통제하는 기구로서 최소한의 기능을 갖춘 책걸상이 있는 것이라고밖에 설명할 길이 없다.

우리는 지금도 자신의 몸보다 큰 책걸상을 사용하는 초등학생들이 여전히 많고, 높낮이 조절조차 안 되는 책상과 의자에 몸을 구부리고 앉아 허리가 휘거나, 다리를 책상 밖으로 내어 이른바 '쩍벌남'처럼 앉아야 하는 중고교생도 많다. 정부가 마련한 책걸상 규격이 학생들의 신체를 제대로 반영하고 있지 않은 탓이며, 학생들의 학업 능력을 최우선으로 하는 학교장의 관심사에서 책걸상은 밀려나 있기 때문이다.[28] 학생들은 그런 불편함을 어디에도 호소할 수 없으며 아무도 들어주지 않는다. 그 정도의 불편함은 말하지 않는 것이 당연한 암묵적 금기 같은 것이다. 그것을 견디고 묵묵히 공부하여 좋은 대학에 가고 훌륭한 사람이 되

---

28. 1973년 제정한 학생용 책걸상 규격은 28년만인 2001년 학생들의 체형이 갈수록 커짐에 따라 한국산업규격을 개정, 학생용 책상과 의자를 크게 했다. 이것으로 책상 상판의 크기와 의자의 크기 등이 조정되었으나 본질적인 품질의 향상이 이루어졌다고 할 수는 없다.

책걸상의 내구연한은 8년인데, 보통 15~20년씩 쓴다. 그 이상 사용하는 것
도 많다.

어야 진정한 존재 가치를 인정받는다.

　이런 현상은 자녀의 공부방을 꾸미는 가정에서는 결코 있을 수 없는 일이다. 가급적 신체 구조에 맞고 편하게 앉아 사용할 수 있도록 가격도 적절하고 품질 좋은 책걸상을 고르는 게 상식이다. 학교 교실의 책걸상이 가정 공부방의 그것보다 못해야 할 이유가 무엇인지, 왜 우리 학생들은 덴마크 학생들과는 비교조차 할 수 없는 값싸고 몹시 불편한 책걸상에 고정되어 하루의 절반 이상을 고통스럽게 보내야 하는지 절절한 성찰이 필요하다.

　교실마다 책상과 의자 모양이 다르고 짐볼을 의자로 배치한 교실도 있으며 이 모든 것을 학생과 상의하여 결정한다는 핀란드 울라리 중학교의 교실 공간이 언제까지 부러운 남의 나라 이야기일 수만은 없지 않을까.

냄새나는 교실은 있어도 향기로운 교실은 없다

악취와의 동거

우리의 교실 공간은 단조롭고 옹색하다. 처량하고 측은해서 불쌍하기까지 하다. 위태롭고 위험할 때도 있다. 교실이 "오로지 기능만을 위해 설계된 가장 재미없고 불쾌한 장소"[29]이기 때문이다. 따라서 교실 공간에 상상력을 자극하거나 창의력을 신장시킬 만한 요소는 거의 존재하지 않는다.

학습 기능만을 위해 설계한 교실은 칠판, 교탁, 의자와 책상, 게시판과 사물함, 프로젝션 TV 정도가 필수 장비에 해당한다. 그것들은 마치 아파트에 에어컨이나 냉장고, 가스오븐레인지, 식기세척기, 세탁기 등의 가전을 내장해 마감한 것과 같은 일종의 빌트 인 시스템built in system인 셈이다. 그 밖에 학생들의 일상적인 생활이나 삶에 필요한 장비나 도구들, 교실 속 또 다른 공간 등

---

29. 데이비드 W. 오어, 《학교를 잃은 사회 사회를 잊은 교육》, 175쪽, 2009년, 현실문화.

은 하찮게 취급되며 교실 안에서 찾아보기가 어렵다.

우선 장마철이나 굳이 장마철이 아니어도 비가 오는 날 학생들이 쓰고 온 우산을 꽂아 둘 곳이 없다. 빗물이 줄줄 흐르는 우산을 교실 뒤편에 주르륵 펼쳐놓아서 교실을 물바다로 만들기 일쑤다. 학교에서나 볼 수 있는 작고 지저분한 빨간색 플라스틱 양동이나, 쓰레기통 같은 것들을 임시방편 삼아 우산꽂이 대용으로 사용하기도 하는데 그리 효과적이지 않고 우산꽂이로서 제 기능을 발휘하지도 못한다. 무엇보다 그것들은 더럽고 불결하다. 교실 바닥을 물바다로 만드는 것이 두려운 학교들은 교실 밖 복도에 우산꽂이 대용 양동이나 쓰레기통을 내놓기도 한다. 비가 오는 날에는 교실에서 쫓겨난 학생과 우산들이 복도에서 나란히 눈물을 흘리는 장면을 공공연히 볼 수 있는 곳이 대한민국 학교다.

겨울철에 입고 다니는 두꺼운 외투를 걸어놓거나 체육복을 넣어 둘 곳도 마땅치 않다. 용량이 그리 크지 않은 개인 사물함은 이미 온갖 책과 잡동사니로 가득 차 있다. 그래도 물건을 간수하기에 제일 만만한 사물함에 억지로 쑤셔 넣어보거나 교실 곳곳에 던져두는 일이 흔하다. 그렇게 쑤셔 넣은 체육복은 아주 오랜 시간이 흐른 후에 곰팡내를 풍기며 나타나기도 한다. 마땅한 보관소를 찾지 못해 외투나 체육복 등을 사물함에 던져넣는 것조차 귀찮아지면 학생들은 그냥 슬쩍 분실을 위장해버리고는 다른 친구에게 빌리는 편의를 도모하기도 한다. 교실 입구나 복도 같은 공간에 전교생의 외투나 모자 등을 걸어둘 수 있는 옷걸이를

학생들이 쓰고 온 우산을 꽂아둘 곳이 없다. 빗물이 줄줄 흐르는 우산을 교실 뒤편에 주르륵 펼쳐놓아서 교실을 물바다로 만든다. 교실 바닥을 물바다로 만드는 것이 두려운 학교들은 복도에 우산꽂이 대용 양동이나 쓰레기통을 내놓기도 한다.

기본적으로 따로 마련하는 핀란드 같은 나라의 이야기는 아주 먼 이국의 풍경이다.

소독은 아예 하지 않고 관리도 부실해서 항상 더럽고 냄새나는 플라스틱 쓰레기통이 교실에서 학생들과 함께 지낸다. 뚜껑이 없는 쓰레기통도 흔하다. 물비린내와 썩은 냄새가 자욱하게 번지는 가운데 젖은 대걸레와 빗자루, 쓰레받기 등의 청소 도구(함)도 같은 공간에 나란히 처박혀있다. 여기에 체육 수업을 마치고 들어 온 학생들의 땀 냄새와 그들이 땀에 젖은 체육복에 뿌려대는 탈취제까지 더해지면 교실은 감당하기 힘들고 표현하기도 어려운 악취로 혼미해진다. 그런 상황에서 냉난방 기기를 작동하기 위해 교실 앞뒷문과 좌우의 창문을 모두 닫으면 교실의 공기 순환이나 환기는 정지한다. 그야말로 교실은 형언하기 어려운 상황이 된다. 그 끔찍한 밀폐 공간 안에서 학생들은 책과 공책을 펼치고 앉아 하루하루를 살아간다.

더욱 큰 문제는 교실 냉난방 기기의 주기적인 분해·세척·살균·소독이 제대로 이루어지지 않는다는 점이다. 냉난방 기기 위생 관리 지침이나 기준 없이 학교장 재량에 맡겨져 있기 때문이다. 전문 업체를 이용할 경우 한 대당 분해·살균·소독 비용 부담이 크기 때문에 학급으로 일을 넘겨 담임교사와 학생들이 필터를 분해해 물청소하도록 떠맡기는 게 흔한 학교의 풍경이다. 교체가 시급한 냉난방 기기도 있지만 막대한 비용 탓에 엄두를 낼 수조차 없다. 냉난방 기기 관리 비용은 교육청의 지원 없이 학교의 시설운영비 등에서 자체적으로 편성·집행하기 때문에 옹색할 수밖에 없는 한계가 있다. 이러한 냉난방 기기에서 발생하는 곰팡이나 유해균에 오염된 공기가 언제든 학생들과 교사의 건강을 위협할 수 있는 곳이 교실이다.

냄새 천국 향기 지옥

교실 공간에서 환기와 채광은 매우 중요한 삶의 조건이다. 채광은 전등의 보조를 받고 있어 그나마 견디고 있지만 교실 속 공기의 순환, 환기는 오직 창문에만 전적으로 의지하고 있다. 창문을 규칙적으로 여닫는 행위를 반복하지 않으면 교실 공간의 환기나 공기의 질은 재앙에 가까운 수준일 수밖에 없다. 2016년 학교보건법에 따라 측정한 교실 실내 공기와 외부 공기 질 조사[30]에서 전국 3703개의 학교 중 2562개의 초중고 교실의 미세먼지 농도가 외부보다 높게 측정되었다. 이는 10개 중 7개 학교 꼴인 69.2%에 달하는 수치다. "환기용 창 등을 수시로 개방하거나 기계식 환기설비를 수시로 가동하여 1인당 환기량이 시간당 $21.6m^3$ 이상이 되도록 할 것"[31]이라는 규정은 아무런 쓸모가 없음을 보여준 결과였다. 학생들의 삶이 이루어지는 곳으로서의 교실 공간에 대한 이해와 인식의 변화 없이 최신형 최고급 공기청정기 한두 대를 설치한다고 해결할 수 있는 문제가 아닌 지경에 이른 것

---

30. 김병욱 국회의원실,『전국 초충고 실내 공기 질 점검 현황』, 2017년.
31. 학교보건법 시행규칙 제3조 1항 1호에 따른 〈별표 2〉.

물비린내와 썩은 냄새가 자욱하게 번지는 젖은 대걸레와, 빗자루, 쓰레받기 등의 청소도구도 같은 공간에 나란히 처박혀있다.

이다.

미국에서도 교실 내 공기 질과 관련해 우리와 비슷하거나 더욱 심각한 문제를 안고 있는 것으로 보인다. 학생과 교직원들은 전체 시간의 85~90%를 실내에서 보내며, 실내 오염 물질의 농도가 일반적으로 실외보다 높고 때로는 10~100배까지 치솟는다고 한다. 1400만 명(전체 학생의 4분의 1 이상)이 기준 미달이거나 위험 수준인 학교에 다니고 있으며, 거의 3분의 2에 이르는 학교는 광범위한 수리나 교체가 필요한 냉난방 장치를 갖추고 있다. 15,000개의 학교가 정비되지 않은 난방시설과 환기 시스템 등의 문제로 숨쉬기에 적합한 환경이 아니다. 이 때문에 18세 이하 청소년의 가장 흔한 만성 질환 중 하나가 천식이며 약 620만 명이 영향을 받고 있다. 그나마 학교 내부 공기 질을 개선한 학교에서는 천식 아동의 숫자가 38.5% 감소하는 결과를 보였다고 한다.[32]

사람과 공간이 함께 숨 쉬는 교실을 만들기 위해서는 가장 먼저 앞에서 언급한 온갖 냄새나고 지저분한 교실 속 집기들을 교실 밖으로 내보내야 한다. 학급당 인원을 줄여 교실의 밀도를 낮추고 식물이나 꽃 혹은 미니 수족관 같은 것으로 교실 속 자연 정원을 꾸미는 것도 생각해볼 만하다. 그런 다음 기계 장치의 도움을 받는 순서가 함께해야 할 것이다.

김종진은 "후각은 공간의 인상을 만드는 데 결정적인 역할을 한다"[33]고 말했다. 지린내가 진동하는 화장실은 입구 먼발치에서

---

32. Cannon Design 외, 《The Third Teacher》, 26~27쪽, 2010년, ABRAMS.
33. 김종진, 《공간 공감》, 186쪽, 2011년, 효형출판.

부터 들어가기가 꺼려지고, 문을 열고 들어서자마자 갓 볶은 듯한 커피 향이 그윽한 카페에서는 영혼마저 내려놓고 커피의 맛을 훨씬 더 깊게 음미하게 되는 것과 같은 이치다.

교실은 때때로 냄새가 후각을 마비시키기도 하는 결정적 공간이다. 레몬이나 허브 향, 숲속에 들어온 것 같은 향기가 은은히 번져서 쾌적하고 기분이 좋아지는 교실은 불가능하다. 냄새나는 교실은 있어도 향기로운 교실은 결코 없다. 냄새 천국 향기 지옥인 공간이 교실이다.

청소 시간에는 빗자루와 쓰레받기, 너덜너덜한 술이 묵직하게 달린 시커먼 대걸레를 들고 교실과 복도를 쓸고 닦아야 한다. 대걸레 자루는 지난 시절 교사가 학생을 체벌·폭행하는 폭력의 도구로도 아주 유용했다. 멀쩡한 대걸레 자루를 부러뜨려가며 학생들에게 폭행을 가하여 청소를 망치게 하는 건 항상 교사였다. 교실 청소용 도구를 학생 청소(?) 수단으로 사용했던 시절의 이야기다.

빗자루와 쓰레받기, 대걸레 같은 도구는 모두 오늘날의 학생들이 집에서는 구경도 하기 어려운 것들이다. 유무선 청소기는 기본이고 로봇 청소기까지 이용해 쓸고 닦는 일을 하는 일반 가정과 비교하면 학교 교실은 아직도 수십 년 전의 청소 도구를 그대로 사용한다. 그런 원시적인 청소 도구를 잘 다룰 줄 모르는 학생이 대부분인데도 교실에는 여전히 유무선 청소기는 고사하고 탈수가 쉬운 반자동 물걸레조차 제공하지 않는다.

원시적인 빗자루와 쓰레받기, 대걸레 등은 교실을 제대로 청소하기도 불편하고 관리도 어렵다. 대걸레는 빨아서 관리하기도 어렵고, 제대로 탈수하여 말리는 것은 거의 불가능하다. 항상 젖은 채로 썩고 삭아서 교실에 악취만 더욱 강하게 풍길 뿐이다. 그것들을 한꺼번에 넣고 가두어두는 청소 도구함이라도 있는 교실은 그나마 상황이 좀 낫다.

그럼에도 불구하고 악취가 진동하는, 문이 달린 청소 도구함은 종종 학생들의 탈의실로도 변신한다. 학생들이 체육복으로 갈아입거나 옷을 갈아입는 데 필요한 탈의 공간이 교실이나 교실 근처에 제대로 마련돼있지 않기 때문이다. 청소 도구함 문을 열어둔 채로 좁은 공간을 만들고 그 안에서 학생들은 번갈아 가며 옷을 갈아입는다. 피난민 수용소 같은 느낌이 물씬 나는 장면이 연출된다. 공학인 학교에서는 남녀 학생들 사이에 청소 도구함 탈의실 쟁탈전이 벌어지기도 하고 그 과정에서 성희롱 논란이 생길 때도 있다.

더운 여름인데도 골고루 냉기가 퍼져 충분히 시원할 만큼 에어컨을 오래 틀어주지 않고, 작은 바람을 일으키는 선풍기는 교실 천장에 매달려 있거나 교실 벽 양옆에 걸려있다. 천장에는 1급 발암 물질인 석면을 함유한 텍스가 빼곡하게 도사리고 있다.[34] 텍스는 온전하게 자리 잡고 붙어있는 것도 있지만 틈이 벌어지거나 금이 가고 일부가 깨진 것도 있는데 그냥 방치되기 일

---

34. 2013년 기준 유초중고 10곳 중 8곳(87%)에 1급 발암물질인 교실 천장 석면 텍스가 있다는 국정감사 자료가 있고, 2016년 7월 기준, 전국 20,000여 개 학교 가운데 68.2%인 14,200곳의 학교 건물에 석면이 남아있다는 환경운동연합의 발표가 있었다.

쑤다. 에어컨(온풍기)이나 선풍기 바람을 타고 텍스 가루가 교실 공간에 날리는 것은 생각보다 아주 쉽고 간단하며 매우 끔찍한 일이다.

칠판 위에는 교훈과 급훈, 태극기가 사이좋게 먼지를 덮어쓴 채 액자에 담겨 걸려있다. 십자가를 걸어놓은 교실도 있다. 교실 공간에 촘촘하게 박혀서 학생들의 의식과 무의식을 동시에 지배하는 식민의 잔재, 국가주의와 권위주의의 비민주적 소품들이다. 현직 대통령의 초상까지 칠판 위에 걸려있던 때도 있었으나 그 시절보다는 나아졌다고 말하는 건 너무 형편없고 옹색하다. 교실 칠판 위 작은 여백마저 속 보이는 구호와 계몽의 터로 삼는 일을 언제까지 지속해야 할까.

교실 창가에 달아놓은 커튼이나 블라인드도 때와 먼지에 절어 있다. 커튼이나 블라인드 색깔도 학생들의 정서적 조건 등을 생각해서 결정한 것이 아니라 아무렇게나 정해서 전 학년 모든 교실에 똑같이 걸어둔 것이다. 사후 관리는 모두 학급의 몫인 경우가 많다 보니 교실 속 애물단지가 되기에 안성맞춤이다.

교실 아닌 다른 곳에 있어야 할 것들과 학교에는 없어야 하는 것들, 그 밖의 냄새나고 더러운 것들로 교실은 가득 차 있다. 너무도 오랫동안 그래왔기에 아무도 그런 데에 온전히 관심을 기울이거나 주의를 다하지 않는다. 그것들이 교실 공간을 터줏대감처럼 차지하고 있는 것을 당연하다고 여긴다. 학생들의 행복한 삶이나 건강한 일상 등을 위해 교실에 정말 있어야 할 것들은 학습에 방해된다거나 위험하다는 등의 이유로 제거되거나 추방당

한다. 세월이 아무리 흐르고 흘러도 학교 교실 공간의 환경은 삶을 위한 조건을 갖출 수 없다. 교실 속 학생들을 '사람'으로 생각하지 않고, 교실을 삶의 공간으로 여기지 않기 때문이다.

교실이 사람 사는 공간으로서 조금이나마 조건을 갖추려면 호주의 학교 교실에 설치되어 있다는 세면대도 필요하고, 교실 속 작은 다락방이나 바닥에 앉거나 누워 쉴 수 있는 공간도 필요하다. 마음대로 낙서를 하고 지울 수 있는 벽도 있으면 좋겠다. 초록빛 칠판과 게시판만 사천왕상처럼 지키고 있는 교실은 삭막하고 쓸쓸하다. 지금 우리의 학교 교실 공간에 있어야 할 것은 바로 그 삭막함과 쓸쓸함을 비워내고 크고 작은 일상의 행복과 즐거움을 줄 수 있는 것들이다. 호기심을 충동하는 삶을 위한 다양한 장치들 말이다.

환경 미화 심사, 거짓으로 교실 공간 꾸미기

청소와 꾸미기 대소동

학교마다 주로 교실 뒤쪽 벽에 마련해놓은 게시판은 최신 3D 프린터로 찍어낸 듯 전국의 초중고교 아무 데를 찾아가도 속살까지 같은 모습을 하고 있다. 벽 전체를 다 덮을 듯 커다랗고 네모난 모양에 녹색 부직포를 단정하게 펼쳐놓은 공간이 바로 게시판이다. 최근에는 화이트보드를 게시판 용도로 설치하는 학교들도 생겨나고 있다. 누가 그렇게 하자고 정한 것인지는 아무도 모르지만 반세기가 넘도록 모름지기 교실 게시판은 그래야 한다는 듯 제복처럼 단정하고 좀 답답하기도 한 자리다. 네모가 아니고 동그랗거나 세모 모양이면 안 되는지, 녹색 부직포가 아닌 다른 색 다른 재료이면 안 되는지, 왜 교사나 학생들은 그걸 없애거나 바꾸어보려고 시도조차 하지 않는 것인지 도무지 궁금하기만 한 곳이기도 하다. 길고 높은 사물함에 치여서 그런 게시판이 아예 없는 학교도 있으니 차라리 다행이라고 해야 할까.

아직도 많은 학교가 익숙한 습관처럼 정기적으로 실시하는 환경 미화 심사는 바로 그 게시판과 교실 공간 전체를 대상으로 벌이는 청소와 꾸미기 대소동이다. '환경'은 학생들의 삶의 조건으로서 교실 공간을 의미하고, '미화'는 그렇지 않은 것을 거짓으로 아름답게 꾸민다는 부정적 의미가 담겨있다. 그러므로 '환경 미화'는 더럽고 지저분한 교실 공간을 인위적으로 아름답게 꾸미고 가꾼다는 의미가 크다.

삶의 공간은 일상적으로 만들고 가꾸는 것이다. 교실이라는 학생들의 공간은 이웃한 다른 반과 경쟁까지 해가며 '심사'의 대상으로 삼아야 할 곳이 아니다. 그런 사정은 살피지 않고 학교마다 교실 환경 미화에 열을 올리는 것은 분명 교실이라는 공간을 정상적으로 이해하고 누리며 가꾸는 태도로 보기는 어렵다. 학급 구성원들의 삶을 위한 공간 꾸미기가 아니라 다른 이들에게 보여주기 위한 치장이기 때문이다.

어느 중학교에서는 환경 미화 심사에서 1등을 차지하고 싶은 마음에 청소에 열을 올린 담임교사가 마스크도 쓰지 않은 채 락스로 교실 벽을 닦다가 쓰러져 응급실에 실려간 일도 있었다. 개인의 삶을 미화할 수 없듯이 삶의 공간 역시 미화하는 것이 아니라 일상적으로 살피고 가꾸며 고치고 때로는 아무렇지 않게 누리는 것이라는 사실을 학교가 외면한 결과로 빚어진 슬픈 현실이다.

더욱이 환경 미화 심사 때문에 가꾸는 게시판에는 그 학급 학생들의 삶이 보이지 않을 때가 많다. 그곳은 학생들의 단순한 창

작물이나 가정통신문 같은 학교 측의 홍보물, 입시 자료 등으로 천편일률적이다. 초등학교에서 중학교, 고등학교로 옮겨갈수록 게시판의 황량함이나 측은함은 더 커진다. 게시판을 소유하고 가꿀 권한을 담임교사가 쥐고 있기 때문이다.

담임교사의 허락이나 동의 없이 학생들의 자유로운 생각과 발칙하고 전복적이며 유쾌하고 도발적인 제멋대로의 상상을 담은 것들은 결코 게시판에 자리를 확보할 수 없다. 교실 게시판은 자발적인 참여와 호응이 일어나는 학생들의 주체적 공간이 아니다. 담임교사의 지도와 허락이 없으면 결코 손댈 수 없고 손을 대도 안 되는 금지구역이다.

담임교사가 일률적으로 한 번 손대고 마는 것이 아니라 적어도 계절별 혹은 학기별로라도 학생들이 바꿀 수 있으면 좋겠다. 학교는 관련 예산을 편성해 지원하고 학생들에게 맡기는 신뢰의 교육이 필요하다. 교실을 자신들의 삶의 공간으로 바꾸는 경험을 통해 학생들은 자신들의 삶과 영혼을 가꿀 수 있다. 수동적이고 회피적이던 학생들도 적극적 자아를 갖추어가는 과정이 되기에 충분하다. "공간의 구조를 조작해 인간으로 하여금 특정한 경험을 하도록 만들 수 있고 또 그렇게 함으로써 특정한 느낌을 가지도록 만들 수 있다"[35]는 이상현 교수의 설명은 공간을 통한 새로운 경험이 개인의 특정한 느낌으로 변하는 과정을 잘 보여준다.

35. 이상현, 《몸과 마음을 살리는 행복 공간 라운징》, 71쪽, 2015년, 프런티어.

환경 미화 심사 때문에 가꾸는 게시판에는 그 학급 학생들의 삶이 보이지 않을 때가 많다. 초등학교에서 중학교, 고등학교로 옮겨갈수록 게시판의 황량함이나 측은함은 더 커진다.

학기 초에 교사 혼자서 자신이 담임을 맡게 된 학급의 환경 미화를 알아서 하는 오랜 관행도 멈출 필요가 있다. 교사 혼자 책상과 사물함에 학생들의 이름표를 붙이고 책상 배열을 조정하는 등 미리 교실 공간의 틀을 짜는 일도 중단해야 한다. 교사가 성의껏 틀을 짜고 정해놓은 대로 학생들이 책상에 앉지 않고 자리를 옮기거나 사물함의 위치를 바꾸면 교사는 실망, 좌절하고 마침내 학생들에게 분노하게 된다. 너무 부지런한 교사가 자초한 괴로움이다. 그러지 말고 학기 초에는 교실에 손대지 말았으면 한다. 개학 후 새로 만난 학생들과 함께 자신들의 삶의 공간인 교실을 어떻게 꾸미고 만들지를 토론하고 협력하는 일부터 시작하는 게 순서다. 학생들이 안락함과 유쾌함을 함께 느끼는 입체적이며 삶이 가능한 교실은 그렇게 해야 가능하다. 교실 공간의 주인은 학생이며 학생들은 교사가 짜놓은 틀과 명령에 따라 움직이는 무생물이 아니라는 사실을 교사들은 확인해야 한다. 구호만 있고 삶은 없는 교실이 아닌 학생들에게 더 많은 삶을 가능하게 하는 교실이 되려면 교사 혼자만의 교실 환경 미화는 멈추어야 한다.

교실 속 학생들 삶 제대로 들여다봐야

나는 학급 구성원 모두가 참여하고 함께하는 활동으로 학생들이 교실 공간에 대한 의미를 새기고 추억을 간직하는 경험을 한 바 있다. 가을철마다 학급운영비로 땡감 100~200개를 구입하는 것이다. 4~5명이 하나의 모둠을 짠 학생들과 함께 한바탕 수다를 섞어 왁자지껄 떠들며 감을 깎는다. 운동장 쪽으로 난 교실 창가에 그 감들을 걸이에 꽂아 주렁주렁 건다. 곶감이 되기를 기다리는 것이다. 교실 창가마다 온통 주황빛 감으로 물이 든다.

감 하나를 깎아서 곶감이 될 때까지 햇빛을 보여주고 바람을 불러와서 바라보고 또 바라보는 건 기다림을 배운다는 뜻이다. 학생들은 달콤하고 말랑말랑한 기다림의 시간을 즐긴다. 창가에 매달려 익어가는 감이 있는 장면은 교실 안팎에서 그 자체로 황홀한 배경이며 풍경이다. 어떤 인위적인 환경 미화로도 감당할 수 없는 광경이 펼쳐진다. 감이 썩지 않고 잘 마르도록 바람을 불러들이려면 창문을 모두 열어두어야 한다. 교실의 환기가 적극적으로 이루어질 수밖에 없다. 그 덕분에 악취를 만드는 교실 속 온갖 것들로 인한 불쾌함이 사라지는 효과까지 덤으로 누릴 수 있다. 그 아름다움을 누리며 한 달 남짓한 시간을 보내면 마침내 맛있는 즐거움이 찾아온다. 학생들에게 교실은 맛있는 추억과 즐거움이 가득한 공간으로 인식된다. 창가에 걸려있던 곶감이 모두 사라지고 학년이 바뀌어도 학생들은 그 교실 앞을 지나며 자연스럽게 곶감이 걸려있던 자리를 추억하게 된다. 고된 청소와 힘겨운 치장으로 기억되는 환경 미화와는 다를 수밖에 없다.

지시, 전달, 구호, 계몽의 기능에만 충실한 교실 게시판은 없는 게 낫다. 복종을 학습하고 길들이는 일이 될 뿐이다. 제대로 된 게시 공간을 만들어 학생들에게 돌려준다면 교실 공간의 변화는

창가에 매달려 익어가는 감이 있는 장면은 교실 안팎에서 그 자체로 황홀한 배경이며 풍경이다. 어떤 인위적인 환경 미화로도 감당할 수 없는 광경이 펼쳐진다. 학생들에게 교실은 맛있는 추억과 즐거움이 가득한 공간으로 인식된다.

엄청나고 놀라울 것이다. 게시판이 즐겁고 유쾌한 소통과 나눔, 학생자치의 공간으로 활짝 열리는 것은 시간문제일 테다. 그렇게 된다면 교실 공간에서 누리는 학생들의 만족감이나 효능감도 높아질 수밖에 없다.

몇 년에 한 번 바꿀까 말까한 교실 벽의 페인트를 학생들이 원하는 색으로 칠하거나 그림을 그릴 수 있다면, 학생들이 토론해서 직접 색을 고르고 역할을 나누어 칠하고 그리는 일이 수업의 한 과정이 된다면 어떨까. "오늘날 대부분의 교실의 벽이나 가구는 교육에 가장 부적합하다고 여겨지는 색으로 칠해져 있다."[36]라는 확인을 폐기해야 하는 상황이 올 수도 있겠다.

교실 콘크리트 벽의 한쪽 면만이라도 목재를 덧대거나 종이를 바르는 등 소재를 바꾸고 마감을 달리하여 꾸밀 수만 있어도 교실 공간에서 학생들이 누리는 삶의 질은 달라진다.[37]

교실도 가정집처럼 주기적인 리 모델링이나 공간 구조의 변화가 필요하다. 학생들이 주체가 되어 그들이 원하는 대로 자신들의 삶의 공간인 교실을 꾸미고 만들고 바꿀 수 있어야 한다.

---

36. 장 가브리엘 코스, 《색의 놀라운 힘》, 55쪽, 2016년, 이숲.
37. 그러나 현행 법률상 이는 불가능하다. 건축법 제52조에 따르면 "대통령령으로 정하는 용도 및 규모의 건축물의 벽, 반자, 지붕(반자가 없는 경우에 한정한다) 등 내부의 마감 재료는 방화에 지장이 없는 재료"를 사용하도록 되어있다. 때문에 친환경 목재나 천연 색지 등을 이용해 교실 벽을 꾸미는 것은 불가능하다. 실제로 2010년 전남의 한 초등학교에서는 당시 교육과학기술부가 공모한 전원학교 조성 사업에 선정돼 친환경 자제인 편백나무로 교실 내부를 단장했다. 그런데 건축법 규정에 따라 편백나무 위에 휘발성 방염재를 덧칠해야 하는 일이 발생했다. 전원학교 친환경 교실이라는 말이 무색해지는 일이 벌어진 것이다.

그러므로 아직도 많은 학교가 청소와 게시판 꾸미기에만 몰입
해 실시하는 '환경 미화 심사'는 교실 공간을 훼손하는 최악의
과정이다. 학생들 제 각각의 삶의 공간인 교실을 '미화'하여 '심
사'하고 상까지 주겠다는 발상은 학생들의 교실 속 삶을 거들떠
보지도 않는 몰인정한 무지의 폭력이다. 교실 공간은 결코 거짓
으로 꾸민 아름다움을 은폐한 '미화'나 순위를 매기는 '심사'의
대상이 될 수 없다. 심사를 이유로 공간 미화를 학생들에게 강요
하는 전시행정보다는 그들의 교실 속 삶을 제대로 들여다보려는
다양한 시도와 노력들을 적극적으로 해야 한다.